宮大工西岡常一の遺言

山崎佑次

彰国社

装丁　坂 哲二（BANG! Design）
装画　中根ゆたか

西岡常一（にしおか　つねかず）

一九〇八（明治四十一）年九月四日、奈良県生まれ

法隆寺昭和の大修理をへて、晩年は薬師寺伽藍復興に力を尽くす

木のいのちを生かし、千年の建物を構築する

文化功労者

信仰心篤く、生涯、社寺建築の修復と造営に心血をそそいだ

一九九五（平成七）年四月十一日没

享年八十六歳

知る人すべての心の中にいまも生きつづける

無私の人であり信義の人であった

鵤寺工舎口傳

一、神を崇めず佛法を賛仰せずして社頭伽藍を口にすべからず

一、伽藍造営には四神相應の地を撰べ

一、社殿堂塔の用材は木を買わず山を買え

一、用材は、生育の方位のまゝに使え

一、堂塔の木組は木の癖組

一、木の癖組は工人達の心ぐみ

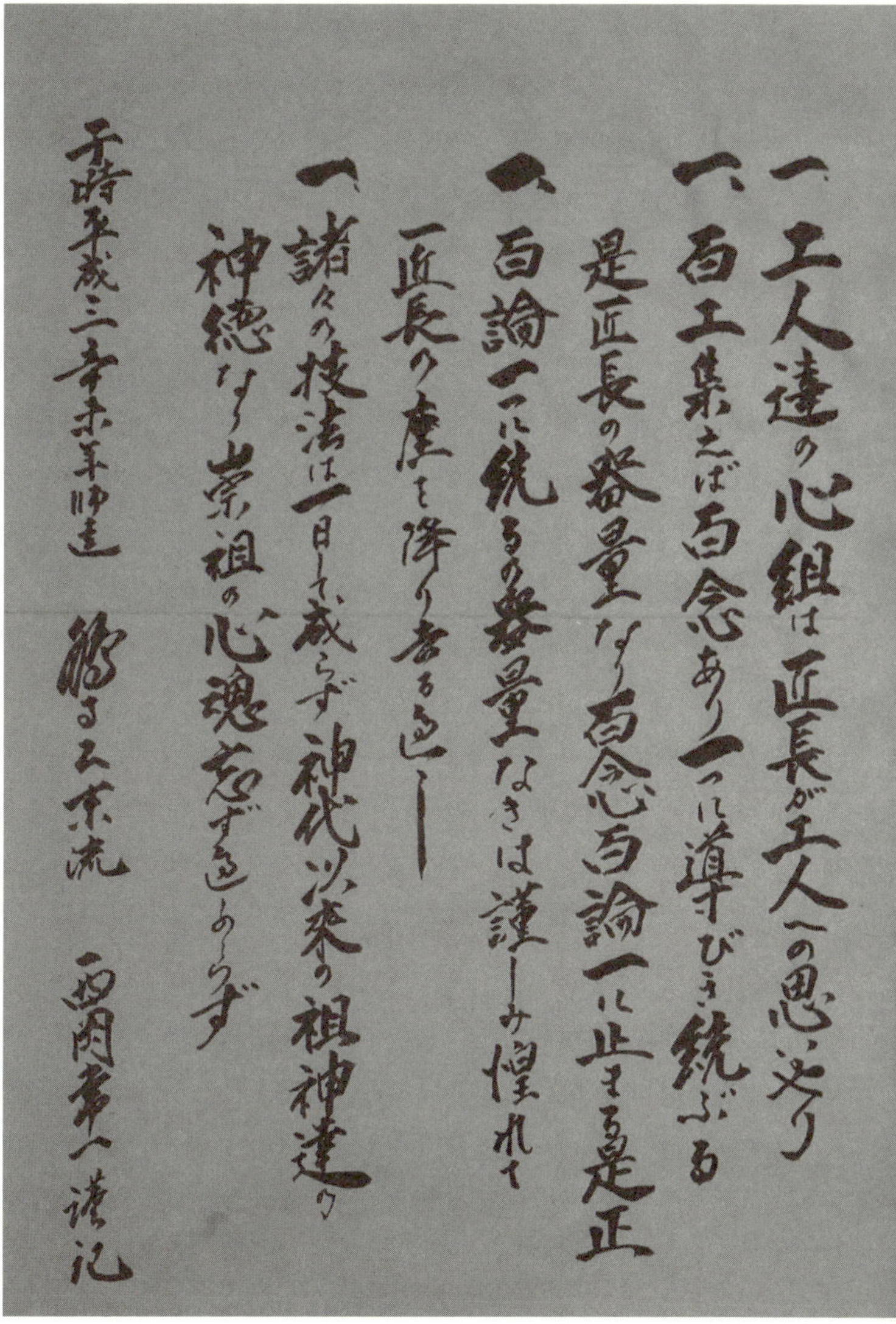

一、工人達の心組は匠長が工人への思ひ遣り
一、百工あらば百念あり一つに導びき統ぶる
是匠長の器量なり百念百論一つに止まる是正
一、百論一つに統るの器量なきは謹しみ憚れて
匠長の座を降りるべし
一、諸々の技法は一日にして成らず神代以来の祖神達の
神徳なり崇祖の心魂忘るべからず
于時平成二年午年卯月　鵤工舎棟梁　西岡常一　謹記

目次

最晩年の故・西岡常一棟梁

プロローグ

一九九五年四月、桜の季節は去ったのに、雪を戴いた中央アルプスの山々が白く輝き、飛驒高山に肌寒い風が吹き抜けていた。西岡常一《にしおかつねかず》棟梁の訃報を受け取ったのはテレビ取材が明日で終わるという日の夕刻だった。葬儀は翌日だという。「どうしますか?」。電話の妻の声が震えていた。夜中に車を飛ばせば間に合う。しかしその取材には東京からデザイナー・榮久庵憲司先生を呼んでいた。スケジュールを無理して来ていただいたのに延期することはできない。葬儀に間に合っても撮影に遅れてしまう。参列を断念せざるをえなかった。その夜、山犬がびょうびょうと遠吠えするように烈風が止むことなく吹きつづけ、カリカリとホテルのガラス窓をきしませた。なぜ参列しない? なぜ不義理するのか? わが心に差し込むように責め立てていた。あの日から十年以上の年月がたつ。

人生の途上、敬慕する先達とめぐり合い、身近に接することほどの至福はない。「法隆寺の鬼・西岡常一」は若いころからの憧れであった。信念を貫く大工。私心なく一途に寺に仕える。千年の建物を構築する——噂のどれもが心を揺さぶった。

大阪で小さな映像制作会社を立ち上げたとき、必ずこの人をドキュメントするのだと心に誓った。四十五歳のときだ。棟梁の本を買い込み、図書館で難解な建築書と格闘し、東京でおこなわれていた木造建築セミナーに通いながら社寺建築の基礎を学んだ。法隆寺では『木に学べ』（小学館）を手にし、どこが、どのように修復されたのかを確認し、仕事の跡をたどりながら想定シナリオを書きはじめた。まだ見ぬ人に会ってもらえるかどうかわからない。たとえ会うことができても申し出を断られるかもしれない。しかしそれが最低限の礼儀だと考え、自分なりの準備をしておきたかった。惚れた男はんに身をまかす生娘のようにひたむきだった。

六年たって夢がかなう日がやってきた。

法隆寺の鬼は舞台を薬師寺に移し、白鳳《はくほう》伽藍復興というプロジェクトに取り組んでおられた。岩波映画の高村武次社長とはじめてご自宅に挨拶に伺ったとき、玄関脇の応接間に通され、ひどく場違いなところに来たという印象をもった。綿が飛び出しそうな古いソファー、ガタのきたテーブル、薬師寺を写した黄ばんだ観光ポスター、土産物らしき竹の民芸品、ニスのはげた窓枠、奥の台所からかすかに豆腐と魚の煮付けの匂いがただよう。玄関の襖はうすよごれ、座敷の壁は紙を塗り込んだ下地にキラキラの金粉が散らしてある。質素すぎる。

華やぎがない。老臭が沈殿している。飼い犬は主人が老衰すると同じように弱る。そんな不謹慎な連想さえ浮かんだ。恋い焦がれた男はんの住まいやない……。

やがてその人が現れた。「お待たせしましたな」。想像していたよりずっと小柄な人だった。寝巻きの上にガウン。無精ひげが伸びていた。寸前まで臥せっておられたらしい。「読ませてもらいましたで」。薬師寺を通してお渡ししておいた想定シナリオのことらしい。「よう勉強しはった」。冷や汗が出た。「ありがとうございます」と言う余裕がなかった。五十一歳が八十一歳に呑まれている。やがて包み込むような視線をわたしに向けた。眼の奥に透徹したものがあった。なにか気の利いたことを言わねばならないと思ったが、射すくめられたように硬直してしまった。「わたしはテレビが嫌いですねん」。意表を突かれた。「一週間ほど撮影に来て白鳳の美とか斑鳩《いかるが》の匠とか言われてもな」。テレビではありませんと遮りたかったが言葉にならない。「けどテレビでこんなに準備してくる人はいませんでしたな」。跳び上がりたいほどうれしかった。「寺にはわたしから言うときますさかい。けどすこし待ってもらわんならん。体調が戻るまでな」。凝視はまだつづいていた。

映像作品『宮大工 西岡常一の仕事』『西岡常一 社寺建築講座』の取材で薬師寺とご自宅に通い詰めることになった。『宮大工 西岡常一の仕事』は、薬師寺復興の過程を追いながら木の文化の真髄に迫ろうとしたものだが、発売後、多くの大工さんから「もっと生の棟梁の声を聞かせろ」「陣頭指揮をとっている棟梁の現場でのアドバイスを見たい」「木造建築のバイブルを期待する」等々の声が寄せられた。そんな要望に応えようと『西岡常一 社寺建築講座』の撮影に入ったが、すでに八十四歳を迎えていた棟梁の健康状態が思わしくなく、中断しては再開また中断というペースがつづき、何度も制作中止を申し出ようと考えた。しかし一年近く闘病生活をされたのち、渾身の力を振り絞って再びカメラの前に立ち、木工技法や設計思想のみならず、仕事への心構え、木造建築への思いをじゅんじゅんと噛んで含めるように話されたのを聞き、「ああこの人は次の世代に大切なことを申し送っているのだ、この仕事は西岡常一の遺言状なのだ」と身の引き締まる思いがしたのを昨日のことのように思い出す。

しかしそれは危険な綱渡りでもあった。一作目のときは撮影に入るまでに半年以上待たされ、二作目は一年近い長期入院を終えるのを待った。「必ず戻りますんで」。その言葉を信じて待つのはつらかったが、それ以上に棟梁はしんどかったはずだ。しかしその人は復帰した。

約束を守る。信に対する義である。日本人が失ってしまったものを大切にしておられた。そのことがとても新鮮だった。戦後社会が失った（あるいは必要としなくなった）美徳をこの人は生きつづけている……。

昭和初期そのままに時間が止まった家……。畳に家族の足裏の脂が沁みつき、縁の下から鼬《いたち》の巣が臭い、天井裏からは蛇の脱け殻のすえた臭いがただよい、それらが混ざり合い、歴史となって沈殿したその家こそ、いまにして思えば、自分を飾ることも家を立派に見せることもしない、余分なものをすべてそぎ落とし、捨て身で仕事に立ち向かった鬼の棲家《すみか》なのであった。その家を質素すぎると感じたのはこちらの未熟ゆえで、天下の棟梁にふさわしい豪華な家具を置くことも、威厳あるしつらえをすることも拒否する男の生き様だったのだ。

薬師寺伽藍復興委員会の太田博太郎《おおたひろたろう》座長は現役を退かれ、高田好胤《たかだこういん》管長は鬼籍に入られた。共同プロデューサーだった高村武次氏もいまは亡い。多くの人に助けられ完成した映像作品だったが、あらためて「ありがとうございました」と言うためにも、西岡学校の生徒たちが手の道具を使って木を刻んだように、文字という不慣れな道具で明治の男の不羈《ふき》なる魂を彫塑してゆくつもりである。

薬師寺白鳳伽藍復興奉行所　一九九〇年五月～九月

午前九時、大工さんの迎えの車が到着する。棟梁の出勤である。伽藍復興奉行所は寺域のはずれに木工作業所、用材置き場とともに建てられている。現場事務所の一階（原寸場）に二畳敷きの棟梁専用の着替え室があり、そこでベレー帽と古めかしい背広を脱ぎ、作務衣に着替え、鉢巻を巻く。眼鏡の奥が光り、慈顔の老人が威厳に満ちた建築家に変わる。八十二歳。やや腰をかがめ二階への階段を上る。プレハブの仮設小屋がぎしぎしときしむ。そこに建設会社の事務所と棟梁の部屋があり、石川所長が「おはようございます」と出迎える。よっこらしょとデスクにつくと、すかさずまかないのおばさんが腰を低くしてお茶を差し出す。飲み終わったころを見計らって所長が工程表や図面を示しながら問題点を報告する。こうして棟梁の一日がはじまる。

わたしたち撮影スタッフが現場に出入りすることを許されたのは、工事がはじまっておよそ二十年、大工さんたちが回廊第一期工事の木拵《きごしら》え（刻みともいう）に汗を流す、ゴールデンウィーク後の風薫る日だった。体調の回復を待って欲しいと言われ、最初の打ち合わせから半年以上経過していた。

工事がはじまるまでの寺は、江戸時代に大改修がほどこされた金堂が仮堂として残され、焼け落ちた西塔の跡は史跡として保存され、中門《ちゅうもん》も回廊もなく、だだっ広い境内に白鳳様式を残す東塔がたたずむ寂しい寺であった。薬師寺伽藍復興工事はそんな荒れ寺を創建当時の白鳳様式の姿に復元しようという一大プロジェクトで、金堂（一九七六年）、西塔（一九八一年）、中門《ちゅうもん》（一九八四年）がすでに復元され、新たに玄奘三蔵院が建立されようとしていた。

中門（仁王門）から境内に入ると、まず金堂の屋根に目をうばわれる。白日の夢幻というべきか、天から降りそそぐ光の粒が瓦に反射しおぼろに輝くさまは、数万匹の蝶が翅《はね》を震わせて鱗粉を霧散させ、この世が楽土であることを祝福しているかのようである。建物全体は華奢でありながら堂々としている。ゆるやかな屋根勾配、ゆったりと反り上がる軒の曲線、いままさにはばたこうとする鴟尾《しび》（古代寺院の大棟《おおむね》の両端に載る飾り物）、グレゴリア聖歌が聞こえてきても不思議ではない。扉から垣間見える本尊の薬師三尊像が神々しい。まことに白鳳の美の極致というべきであろう。人間社会の憎しみや怒りや哀しみを溶かす力をもって迫ってくる。

そして圧巻なのが千二百年以上そこに立ちつづける東塔だ。枯れ、縮み、傷み、骨のようになった木の集積——五重塔のように見えるが、軒の出のすくない屋根は裳階《もこし》（各重の屋根と屋根のあいだに取り付けられた庇。揺れを押さえる構造材として機能する）という庇で、正しくは三重塔である。いずれ中門《ちゅうもん》の左右に回廊が取り付くが、そこはシートで覆われ、まるで工事現場の雰囲気となっている。

現場事務所二階から南を眺めると、甍《いらか》の向こうに金堂の屋根とその左右に塔の上部が見える。古色蒼然たる東塔と復元されたきらびやかな朱塗りの西塔である。遠くから望むと東塔よりわずかに西塔が高い。なぜなのか。取材一日目、その疑問を問うことからはじまった。やっとこの日が来た。憧れの人が目の前にいる。緊張のあまり喉がカラカラに渇いていた。

金堂の復元が終わって次に西塔にかかろうというときに、あらためて東塔を実測調査して規矩・木割（設計上の部材の割り振りや寸法）を考え直そうということになったんです。東塔しか白鳳の建物は残っておりませんでしたのでな。その結果、創建当時の姿を残してはいるものの、なにせ千二百年以上前の建物ですわ、風雪でねじれ、歪み、傷みがきており、時代時代で細かな修理がなされておった。軒の出や反りなんかの修理はおいといて、初重《しょじゅう》（三重塔の最下部）の柱が切られてあった。基壇が不同沈下したためレベルの低いところに合わせて高いところの柱を五寸ぐらい切っ

1976年に復元された薬師寺金堂

金堂の鴟尾

てるんですな。そこで西塔は五寸ほど高くしてあります。二重、三重もすこしずつ現在よりも延ばしてます。基壇も歴史の重みで下がってますので元に戻しております。それと薬師寺はね、西から東に地形《ぢぎょう》がゆっくり下がってますねん、一尺ちょっと。まあその地表高も考慮しますと、そうやな、全体で六尺近く高《たこ》うなってますわ。けれどもいずれ落ち着く。五百年もしたら同じ高さに落ち着くのとちがいますやろか。

薬師寺伽藍を復興する。それはとりもなおさず、東塔が千二百年そこに存在しつづけたように、千年のいのちある堂塔を再建するということである。五百年もしたら落ち着く……。スクラップアンドビルドが建築界の常識であるとき、永劫ともいえる建物をこの世に現出させる、その工事統括者は西岡常一《にしおかつねかず》をおいてほかになかった。

いまや社寺建築でさえ鉄とコンクリートで造られる時代である。材料の良質な檜《ひのき》を国内で調達することができなくなったからだが、同時に形さえ堂や宮であればそれでよしとする風潮がある。日本は古来より木の文化の国であった。照葉樹林帯に位置する日本列島は雨が多く多様な植物相を育ててきた。国土の六十五パーセントが豊かな森に覆われ、その伐採と植樹のサイクルが建築、美術工芸、仏像、家具工芸などを支えてきた。森は持続可能な天然資源であった。そんな連鎖がとだえようとするとき、古代技法を伝承する意味において、後継者を育てる意味において、今後五百年はありえないといわれるほど大規模なこの木造工事のもつ意味は計りしれなく大きい。

千年の檜《ひのき》には千年のいのちがあります。建てるからには建物のいのちを第一に考えねばならんわけです。風雪に耐えて立つ――それが建築本来の姿やないですか。木は大自然が育てたいのちです。千年も千五百年も山で生きつづけてきた。そのいのちを建物に生かす。それがわたしら宮大工の務めです。そやなかったら木に申し訳が立たんのとちがいますか。まして国の予算を使って建てる天下普請やなしに、百万巻写経、いうなら貧者の一灯で建てさせてもらっているわけですから。

人間のいのちなんてはかないもんやと思いますよ。けれど木はえらいですがな。東塔はね、千二百年以上も生き永《なが》らえているんです。それもよれよれの情けない姿やない、美しいこれ以上ない見事な姿ですっくと立ってるんでっせ。

東西二つの塔が並び立つ日本最初の双塔式伽藍薬師寺は、六八〇年、天武天皇の九年に発願され藤原京に創建された寺だが、平城京の建設にともない、大官大寺（大安寺）、飛鳥寺（元興寺）とともに、現在の地に移された。平城京には興福寺、東大寺、西大寺などが次々と建てられ、再建された法隆寺を含め南都七大寺とよばれる仏教都市が形成された。これらの寺院から南都六宗といわれる三論宗、華厳宗、律宗、法相宗などが育っていくこととなる。

本薬師寺から移築されたかどうか学会でやかましいですな。どっちともはっきり言えませんけれど、これだけの材料が急にここで準備されたとは思えません。おそらくわたしは、材料の量の点から移築ではないかと思っておりますが、ある部分はここで付け加えられたもんがあると思います。移築の痕跡？　いやあ見つかってません。けれども材料や木割がふぞろいなんです。ふつうはそういうことはしません。ということはここで新たに準備されたんやなしに、大部分の材料を（本薬師寺から）もってきたと考えたほうが納得できるんやないでしょうか。

中央に金堂が、その南に東西両塔が並び立ち、回廊で囲まれた華麗な伽藍は、度重なる火災や地震で崩壊し、創建当時の白鳳様式を残す建物は東塔ひとつという状態であった。本尊の薬師三尊をまつる金堂は炎上や倒壊をくり返し、一六〇〇（慶長五）年に大改修された仮堂として残されたまま。とくに明治の廃仏毀釈により寺は疲弊し、寺宝の経典まで手放すほど困窮をきわめた。

薬師寺伽藍とりわけ金堂を復興することは歴代管長の悲願であった。橋本凝胤《はしもとぎょういん》長老のたっての願いを受け継ぎ、四十三歳の若さで管長を受け継いだ高田好胤《たかだこういん》師は百万巻写経という遠大な計画に取り組んだ。発菩提心、荘厳国土。国の文化財予算に頼るのではなく、善男善女から千円の写経料を募るという昭和の宗教運動として推し進められた。西岡棟梁はよく大工にこう言う。「おまえの一日の日当を支払うために何人の人がお写経してくれはったか、そのとこをよう考えて仕事せなあかん」と。

いま玄奘三蔵院の建設に半分手とられてまっしゃろ、残りの半分で回廊の木拵《きごしら》えです。まあ一年以上かかりますけど、これがおおまか終わるころ三蔵院も終わる。そしたら回廊の木組に全員でかかる。回廊が中門《ちゅうもん》とつながったら今度は講堂を解体再建して回廊とつなげます。そうしたら回廊に囲まれた東塔、西塔、金堂、講堂という創建時代の白鳳伽藍の姿がよみがえることになる。そこまでで十数年、ほんとうならその後ろの食堂《じきどう》、十字廊までやりたいんですが、どうですか、そこまでやろうと思うたらあと三十年はかかりまっしゃろ。うーん、わたしはとても生きてられませんけどな。はっはっはっ。

法相宗大本山薬師寺。玄奘三蔵院は法相宗の始祖・玄奘三蔵（『西遊記』に登場する三蔵法師のモデル）の頂骨が薬師寺に迎えられたのを機に境内の北の端に建てられた。玄奘三蔵のインドへの求法《ぐほう》の旅でもたらされた多くの経典が唐文化に大きな影響を与えたように、唐文化が奈良文化にもたらした影響は計りしれない。玄奘三蔵院が建立されたことで、始祖の教えを広める拠点が没後千四百年を経てシルクロードの東端に誕生したことになる。ひとりの人間の遺徳は歴史のなかで受け継がれる。勧進元の薬師寺だけでなく、お写経をした大衆も、釘《くぎ》を打つ大工も、寺に詣でる善男善女も、それぞれの行為をなすことで、はるか千年の時を超えて縁を結ぶのである。

玄奘三蔵院全景。創建当初はなかった伽藍

玄奘塔宝珠と「不東」という扁額

創建当初はなかった伽藍です。木造だけでわたしの思うように建てさせてもらってます。玄奘塔に掲げられる「不東」という扁額、志を遂げるまでは唐に戻らない、そういう意味が込められた決意の言葉です。玄奘三蔵院絵殿の中に、平山郁夫先生が描かれる絵が飾られることになる。玄奘三蔵が歩かれたシルクロードに何度も取材され、いま描いておられると聞いてます。昭和の寺宝というわけです。

コンコンコン、トントントン、静かな午後、木工作業所からリズミカルな音が聞こえてくる。ノミ、カンナ、チョウナ、ここで使われる道具はすべて手仕事の道具である。金属的な機械音が耳を刺さない分、どこかふるさとの野面を吹く風のようになつかしい。棟梁はまるで糸電話をたぐり寄せるように、かすかな音のなかからひとつの音をさぐりあてている。

聞こえまっしゃろ、ツツーツツー。ノミで木口《こぐち》（木材の端部）を突き切る音ですわ。この音はね、まさに大工の醍醐味、魂の叫びやないでしょうか。いつ聞いても胸がすきますな。まあ、あの男に敵うのはちょっとおらんやろ。名人です。けど（他人に）教えることのできん男でね、ひとりでやらしときゃ見事にやりよる。大事なんでっせ、こういう名人駒をもつというのはな。

音を聞いただけで誰の手かわかる。それほど棟梁の耳はとぎ澄まされている。ベテランか新人かだけでなく、ひとりの大工さんの気持ちの入れ方、心のありようまで手に取るように聞き分ける。もう道具を手にすることのない棟梁は、作業音に耳を澄ますことで、骨にまで沁みついた大工魂を鼓舞させ、心の中でヤリガンナやノミを振るっているのかもしれない。八十二歳の顔が慈愛に満ちている。

大工でっか、いま十二人ですかな。金堂のときが、うーん、三十七人やったかな。全国から集まってます。これぐらいの規模では十三人ぐらいがちょうどええんですわ。それよりすくないと能率が上がらんし、多いと統制がとれんでっしゃろ。わたしを頼ってというよりもよそで仕事がないからとちがいますか、はっはっはっ。けどここはよそより（賃金が）安いんです。それでも集まってくるのは、そやな、わたしよりも薬師寺の名声とちゃうやろか。金だけが欲しいやつはここでは勤まりません。また必要ありません。大工にもいろいろおりまして、腕の立つのから、下手やけど人の下で文句言わんと一生懸命頑張るやつ、重い材を汗を流して担ぐやつ、十人いたら十人ともちがいます。

ここでは仕事の効率よりも完璧性が求められる。西岡棟梁の流儀であり現場の前提である。それでいて集団作業のなかに新人の仕事も用意されている。だから彼らもいじけることなく、じっくりと仕事をおぼえることができる。「職人というのは一歩一歩の積み重ねが大切で途中を端折ることはできんのです。技を身に付けるのに早道はない。あせったらあかんのや」。仕事の遅い若者を棟梁は責めないし、ペースを守ってゆっくりと仕事をする中堅も守られている。信じられないかもしれないが、ここでは個性（差異）が尊重されているのである。

われわれの口伝に「木組は木の癖組、木の癖組は工人達の心組」というのがあります。宮大工の仕事というのは、木の癖を見抜いて組み上げていくことにあるのですが、木に一本一本癖があるように人にもそれぞれ個性がある。癖ですわな。そいつを見抜いて、この男はあそこにこの男はここにと配置せんならん。高いところで重い材を組み合わせるわけやから、それぞれが心をひとつにせんことには危のうてとても仕事になりませんわな。癖を見抜いてそれぞれを束ねてひとつにする。そういうことができんと棟梁は務まらんわけです。まあ若いのは別としてベテランはここで十五年二十年と勤めてます。そやからわたしがやいやい言わんでもみなが考えて動いてくれてます。自然と心が組まれてあるということです。

しゃべり終えるとまず一服の煙草《たばこ》を喫し、じっとこちらを見つめる。透徹したまなざしを向けられるとほんとうに金縛りにあったように動けなくなる。はじめてお会いした日もこの眼に縛りつけられた。威圧する眼ではない。相手の心の奥底を見透かそうとする眼だ。が、そのうらにぎらりと光るものが垣間見え、たいていの大工は縮み上がる。

煙草の紫煙が灰皿からまっすぐに立ち上がり、顔のあたりで拡散し窓から外に流れ出してゆく。ときおり通る近鉄電車の音が聞こえるぐらいで、時計の振り子が止まったように静かだ。平城京右京六条二坊。哲学的ともいえるこの静寂のなかで八十二歳は自身の来し方を見つめ、工事の行く末に思いをめぐらす。

昭和九年から二十九年まで二十年間、法隆寺の大修理をやりまして、そのときのことを思い出すと、法隆寺の建物は雄健であると、ところが薬師寺はひじょうに繊細であると……。なんでこんなにちがうのかということを考えますとね、法隆寺のほうは仏教がわが国に入ってきて間もなくで、信仰的というよりも大陸の文化に負けまいとする気持ちがあったんやないか、で、ひじょうに剛健であると。こっちのほうは相当に仏教が理解された時期に、天武天皇がのちの持統天皇となる皇后の病気の平癒を願って伽藍を造られたと。それで女性的で繊細でやさしいんやなと、そういうふうに感じたわけです。実際に法隆寺と較べると材が細い。柱なんかですと七割ぐらいの木割になってます。

そやから薬師寺は信仰が中心になってなければならんということで進めてきたんですけど、いちばん基本的な考えというのは、東塔の水煙《すいえん》に、天人がね、笛を吹いたり鼓を打ったり琵琶を弾いたりして下ってくる様子が描かれてある。天に昇るんやなしに地上に降りてくる。ああこれやと思いましてね。薬師寺伽藍は天の浄土を地上に移そうという考えで造られたんやなと、そう思ったわけです。

薬師寺東塔

東塔の水煙の一部。逆さになって地上に降りてくる天人たち

東塔の相輪

水煙とは塔の先端に突き出た心柱の上部（相輪）に取り付く金具である。地上三十五メートル。そこに天人の図を確認した。二年近くにわたった東塔の実測調査のときである。天の浄土を地上に移す――薬師寺伽藍建立のいきさつも、そこに在ることの意味も、なにを衆生に伝えようとしたのかも、天人のデザインが物語っていた。見渡せば東に市街地と春日奥山が、北には唐招提寺の甍《いらか》と平城京跡の向こうに佐保山が、西には落日に赤く染まる稲穂のつらなりが古代そのままに広がっていた。伽藍を復興することはすなわち天の浄土を造り出すことにほかならない……。薬師寺に招かれその棟梁として仕事ができることの幸せがあらためて心に沁みた。

ここではね、地割といいますが、塔の高さ（十一丈五尺）を半径にしてぐるっと円を四つ描くと、回廊が四つの円の外側を囲んで、金堂、塔、講堂はその中にすぽっと入る、そういうふうに配置されてあります。塔の高さを半径に円を四つ、それが回廊に囲まれた薬師寺伽藍です。伽藍というものはすべて塔の高さがよりどころとなって設計されてあります。塔はもともとお釈迦様の墳墓、ストゥーパ（卒塔婆）が語源ですわな。お釈迦様の墳墓である塔の高さを決め、金堂の高さを決める

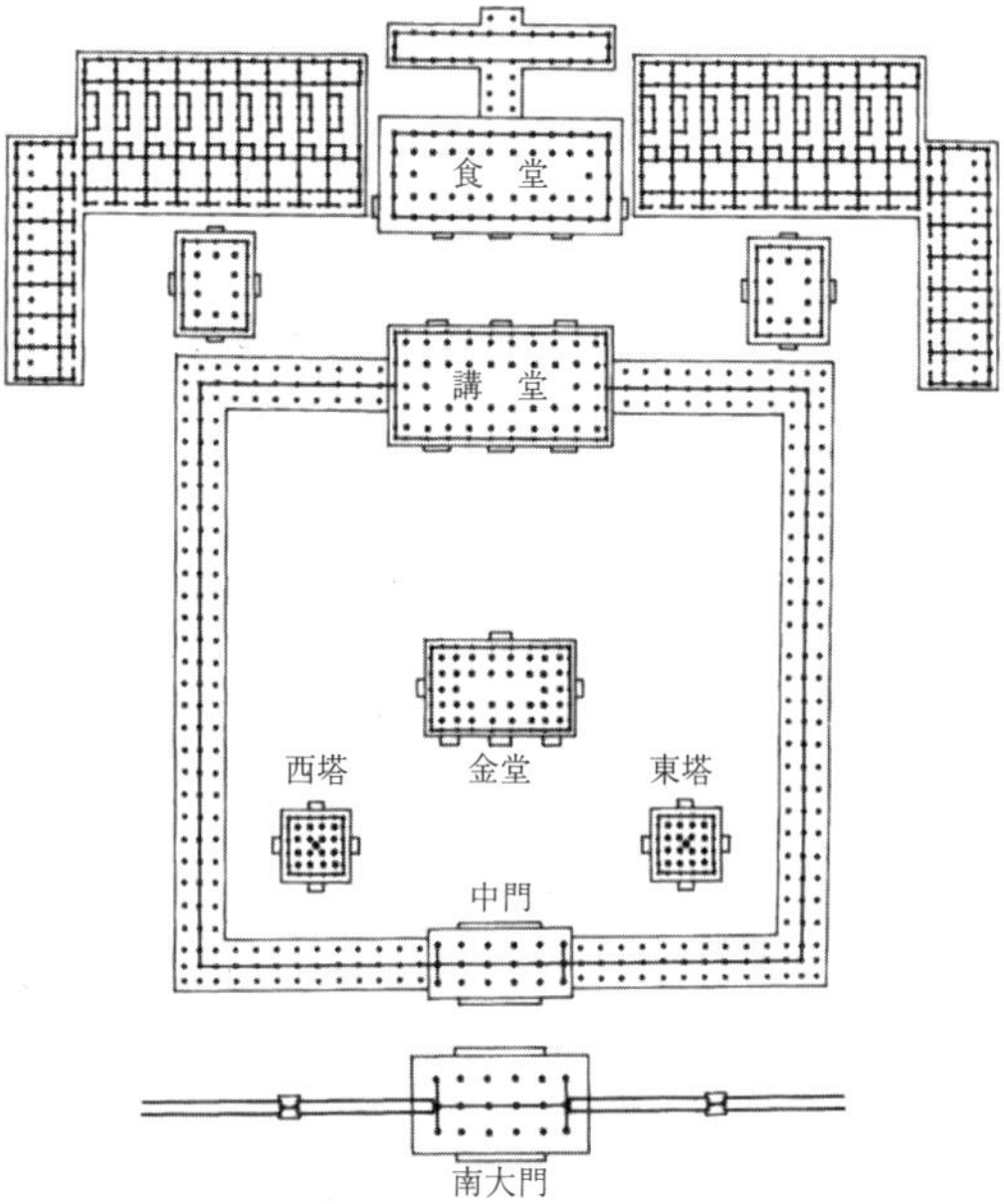

薬師寺伽藍配置

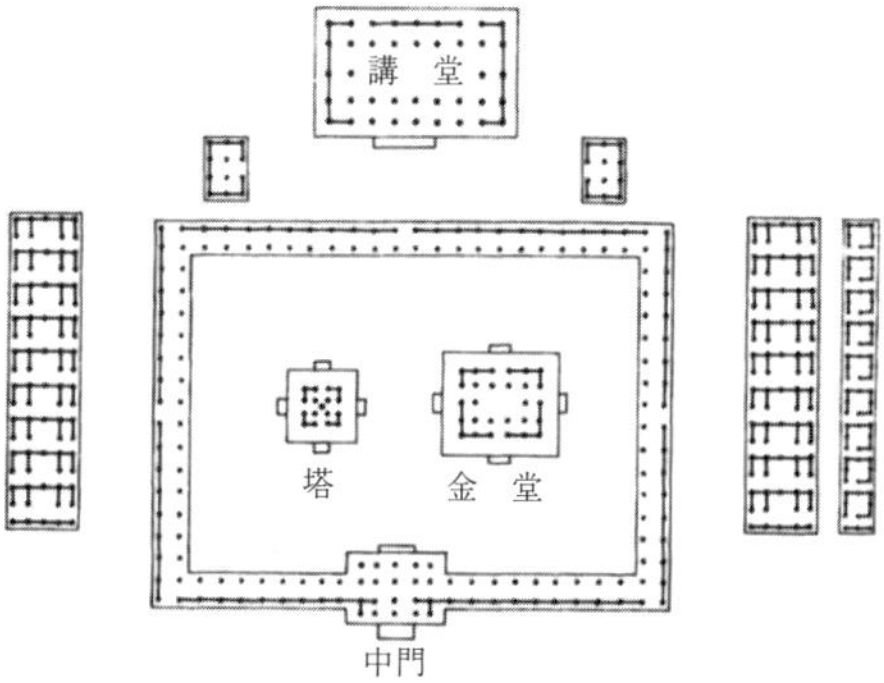

法隆寺伽藍配置

(上下出典:『日本建築史図集　新訂第二版』日本建築学会編、彰国社)

と。ここは円が四つ、法隆寺の場合は円を二つ描く。その中に塔と金堂が入って回廊で囲む、そういうふうに設計されてあります、はい。

法隆寺から薬師寺までそんなに時間はたってませんでしょ。半世紀ぐらいですかな。そのあいだにこれだけの伽藍様式の変化があって、しかも建築そのものはぐっと洗練されていく。当時、まあ、おおぜいの技術者やら学者やお坊さんがこの地に集まったということでっしゃろ。賑やかやったんでしょう。日本の夜明けちゅう感じやったんでしょうな。


六世紀中ごろ仏教が大陸から伝わると、飛鳥の地を中心に大きな寺院が次々と建てられた。豪族の権勢を象徴してきた古墳の時代が終わり、外来の仏教が王権の受容のもと、従来の国神信仰を凌駕していったのである。新しい思想の刺激のなか、わが国は考古学から歴史学の段階へと一歩足を踏み入れたともいえる。

飛鳥の地にはじめて造営された飛鳥寺建立の過程を、『日本書紀』は、百済から舎利とともに、僧、造寺工、瓦博士らが来日し、木材の調達、金堂、回廊、塔などの造営に入ったと記している。きらびやかな甍をもつ巨大木造建造物の出現に古代の人々は目を見張ったにちがいない。創建法隆寺（若草伽藍）は『日本書紀』の記述を信ずれば飛鳥寺とほぼ同時期の造営である。

法隆寺は高麗尺（三百五十六ミリ）、朝鮮の尺で建てられていますが、こっちは唐尺（二百九十七ミリ）という中国の尺度で建てられてある。そういう点から考えまして法隆寺伽藍は朝鮮から技術者が入ってきて指導にあたったと、薬師寺は朝鮮を経由せんと直接、大陸からえらい人が来たんやないかと。そやからいまの中国にはもう古い建物は残っていませんけど、当時すでに両塔の伽藍形式があったんやないかと思います。

棟梁ははるか古の時代に思いを馳せるようにあらためて煙草《たばこ》に火をつける。

その机の上に東塔調査野帖とともに十数冊の設計ノートが積まれている。五ミリ方眼紙にびっしりと図面や注釈が書き込まれたそれは、二十数年間の棟梁の仕事のすべてが書き残されているといっても過言ではない。この伽藍復興工事では復興委員会が組織され大きな設計構想が提示される。ノートには、太田博太郎《おおたひろたろう》東大名誉教授や鈴木嘉吉《すずきかきち》元奈良文化財研究所所長ら学者グループの意見、自らが文献にあたってたどりついた考え、発掘調査や実測調査で得たデータ、用材の石高《こくだか》試算、さらには委員会での丁々発止の生々しいやりとりまで書き連ねられている。東塔の調査では一律に唐尺で割り切れない部材が見つかった。あるページに、数ミリのちがいをどう理解すればよいのか、解決まで数ヶ月にわたって議論がかわされた経緯とともに、自分の意見が学者グループに否定されたときのくやしい心情まで吐露されている。

東塔はね、古い材も使われてました。三重の裳階《もこし》の柱なんかはいらんところに穴がある。初重《しょじゅう》の柱も材質のちがうもんが使われてますし、節だらけのもんがあったり無節のもんがあったり、芯持ちも芯去りもばらばらに使われておりました。ふつうはそんなことしません。ちゅうことは急いであわてて建てられたんやないかと思いますよ。学者で、本薬師寺の東塔でもってここの西塔を建てたという人がおりますけれども、そうかもしれません、西塔は焼けてありませんでしたからどうかわかりませんが、東塔はそこいらの別の建物の部材を転用したと考えられます。でないならば、こんなにそろってないというのは不自然です。

東塔調査野帖

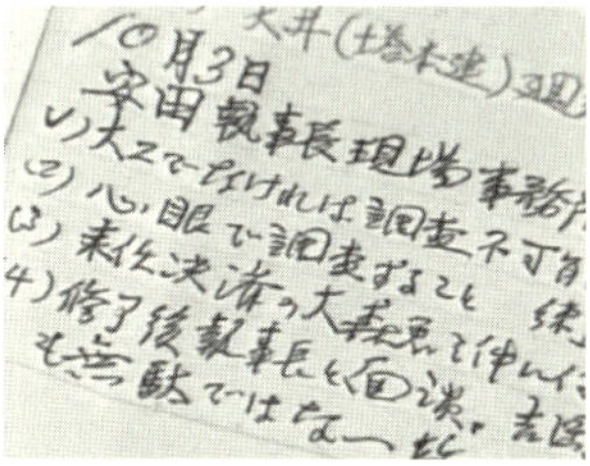

東塔調査野帖。「心眼で調査すること」という一文がある

各部材の設計図を起こす棟梁

東塔調査野帖のはじめに、調査は練達の大工であってはじめて実際的な調査が可能、心眼で調査すること……などと記された箇所がある。心眼。余計な知識や学者の意見にまどわされず、まっすぐに物事の本質を見抜けということだろう。

実測調査ちゅうのは復元するための資料を見つけ出すことが第一の仕事ですわな。ほんとうは解体調査すれば早いんですけど、そうはいきませんので建ったままの状態で調査するわけです。東塔はこれまで何度となく修理されてきました。そやからいま建ってある部材の寸法を正確に測ればえというわけやない。お医者さんが聴診器で診るだけやなしに手術するように、やっぱり解体してみないとほんとうのことはわからんと。ちゃんといのちにつながる心得がある者じゃないとほんとうの実測はできん、いわゆる勘が働かんとできん、そういうことです。学者は飛鳥やら白鳳やらと様式から考えていきますが、われわれは釘《くぎ》跡ひとつ、部材の修理跡ひとつから修理前の元の姿を類推するわけですから。

文化財建造物とは目に見える形で残された歴史であり、修復とはそれにメスを入れる作業である。したがって建築史学者など学識経験者の意見が尊重されることになる。が、棟梁には現場で直接木に触れてきたという自負がある。大工としての経験や勘で当初材の時代を推測し、建て方や道具の使い方から創建年代を類推する。眼力である。そこは相手が大学者であろうと譲れない。実際、修理の痕跡から創建時代の木割を類推することなど学者にはとうてい不可能だ。心眼で調査する。それは学者に対して一歩も引かないという不屈の構えとも受け取れる。

学者はこの時代はこういう様式のはずや、同じ時代のあすこの寺はこうやと言いますが、実際の構造・組み方についてはなにも知らない。現場で木を吟味することもせん。本に書かれてあることは信じても大工の言うことは聞いてくれませんねん。学問があって建物があるわけやない。逆でっしゃろ。向こうは学問やと言いますがこっちも経験を通した学問やないですか。まあ自分の学説に縛られん学者もいますけど、そんな人はごく少数ですわな。

棟梁の一日は、設計ノートをにらみ回廊各部材の設計図を起こす作業に費やされる。ここでは唐尺（一尺が二百九十七ミリ）が基準だ。電卓（棟梁は電子そろばんと言う）であらためて数値を割り出す。雲形定規で線を引く。型板への指示を書き込む。背をかがめ、息を詰め、老眼鏡越しに細かな線を描いては消し、また描き直してゆく。このときばかりは、音を立てないようにその姿を撮影できても、とても声などかけられる雰囲気ではない。ひたすら手が止まるのを待つ。一時間、二時間……。

実施設計図ができると建設会社の設計者の手で製図され、一階の原寸場に下ろされ、原寸図が引かれ、木拵《きごしら》えのための型板が作られる。

なんで原寸図を起こすかと言いますと、製図台には制限がありまして大きな図面は引けません。（実寸の）二十分の一ぐらいしか引けません。建物が大きすぎて、鉛筆のちょっとしたズレでも大きな差になりますんで、ここで原寸に引いて狂いをただすということです。でき上がった狂いのない原寸図から型板を作って、材木にあてて墨を入れ、部材を刻み出してゆく、そういうやり方です。原寸図を引くというのは、墨付けの元になるんやから、ちゃんと規矩が身に付いてないとできんわけです。ベテラン中のベテランの仕事です。上原（副棟梁）にすべてまかせてあります。はい。

棟梁が薬師寺を引き受けたのが六十二歳、サラリーマンなら現役引退の年齢である。それから二十年、金堂、西塔、中門《ちゅうもん》が復元され、玄奘三蔵院の木組が終盤に入り、回廊第一期工事の木拵《きごしら》えが最盛期を迎えていた。しかしいかんせん八十二歳、毎日出勤というわけにはいかない。このところ現場指揮は副棟梁にまかせ、自身は机に向かう仕事に専念し、一歩離れたところから現場に眼をそそいでおられた。わたしたちが出会ったのはそんな棟梁の晩年であった。

もし二十年前、金堂の最終図面ができ上がり、台湾から用材が続々と到着し、木拵《きごしら》えがはじまっていたころなら、とても恐ろしくて声をかけられなかっただろう。写真で見る当時の棟梁は、ヤリガンナ作業にしろ墨付けにしろ、気迫にあふれ力感がみなぎり、汗が飛び、六十歳を超えた二の腕に筋肉が張り詰めている。目がらんらんと光っている。三十歳のわたしはにらまれただけで男の急所が縮み上がっていたにちがいない。そんな人の上にも重い二十年が流れていた。

あらためて境内に入ると、金堂、西塔、中門のあざやかな朱色と金色の飾り金具に眼をうばわれる。目を閉じて回廊に囲まれた伽藍を想像すると、極彩色のワンダーランドが脳裏に浮かび上がる。金ピカの伽藍はありがたくないと言う人がいる。なるほど昼間は金ピカだが、朝靄《あさもや》に包まれたたたずまい、夕日に染まる荘厳な瞬間、月光に照らされた静寂の境内、一日のなかでいくつもの表情をもつことを知って欲しい。いずれ東塔も寿命がきて復元される。とするならば、このきらびやかで壮麗な伽藍こそ地上に移された浄土ということになる。

風雪に耐えて立つ東塔は美しい。風土は破壊されてはならないが、朽ちゆく姿を涙して詠嘆するのは人間の退嬰だろう。輪廻転生してゆくためにはエネルギーがいる。知恵も技術もお金も必要だ。薬師寺という裕福ではない寺が勧進元となって、少数の建築学者と大工が壮大なプロジェクトを推し進めている。それも百万巻写経という貧者の一灯を頼りに。騒がしく刹那的な現代にあってほとんど奇跡に近い営為と言わざるをえない。やがて修復された唐招提寺が姿を現し、整備中の平城京跡も公開される。目に見える形で古代日本の息吹を感じることができる、そんな日はそう遠くない。

法隆寺西里　一九九三年十一月

法隆寺西里。むかしから法隆寺に出入りする大工や瓦職、左官などが住み、修理や営繕の仕事にたずさわりながら寺を守ってきた。宮大工三代、西岡家は西大門を出てすぐのところにある。土塀に囲まれたどっしりとした門構えの家だ。もともと寺の地所だったのを譲り受け、昭和初期に建て直されたと聞く。

明治四十一年、西岡常一《にしおかつねかず》はこの里で生を授かった。激動の時代である。誕生の翌年、伊藤博文がハルビン駅前で安重根にピストルで撃たれ死亡。四十三年、大逆事件。社会主義者が大量逮捕される一方、韓国を併合。四十五年、中国革命勃発、孫文が南京に臨時政府を樹立。日本は帝国主義列強とともにアジア争奪の戦いに入る。富国強兵のうねりのなかで、それでも寺と集落は時代から取り残されたようにのどかだった。

週一度、ご自宅に通い詰めることになったのは一九九三年の晩秋からのこと。回廊第一期工事木組の途中でリタイアし、実質的に棟梁の座を降り、一年近い闘病生活を終えた直後だった。コスモスが咲いていた。枝の熟柿をモズがつついていた。医者から取材許可が出ていたものの、カメラの前の棟梁は、二年前、現場で取材したときのかくしゃくとした様子はなく、やつれ、ひとまわり身体が小さくなっているように思えた。

法隆寺西里全景

法隆寺西里の路地

八十四歳、この取材は家族の猛反対を押し切っておこなわれた。棟梁を待つあいだ膝のわるい奥さんが這うように近づき、「どうかもう勘弁してください」と取りすがられたことがある。あなたはうちの人を殺すつもりですか――必死の表情はそう訴えていた。親族が集まった席で拝むように「やめてください」と頼む家族に対し、「おまえらは黙ってい」と一喝されたとも聞いた。それは家族に心配をかけまいとする棟梁なりの武骨な思いやりであるとともに、この仕事は約束なのだ、だからそれをまっとうさせてくれという男の一徹さでもあった。

法隆寺宮大工ちゅうのはもともと由緒正しい家柄でございまして、中村、金剛、厨子《ずし》、多聞《たもん》という四大工の系統がありましてね、金剛は江戸時代に天王寺に配属になりまして、まあ幕末のころにはその流れのなかから長谷川とか岡島という棟梁が残っておったんですけれども、廃仏毀釈でお寺に収入がとだえ、みなやめてしまわれた。わたしのところはそんな立派な家柄の大工ではなくて、西園院や地蔵院に出入りさせてもらっていたのですが、たまたま本坊として残ったもんですから西岡家も残ったということです。で、明治になりまして、中門、上御堂《かみみどう》など国宝級の修理をさせてもらったことでお祖父さんの代から伽藍の棟梁になったというわけです。

祖父常吉は徳の人であった。名管長といわれた佐伯定胤《さえきじょういん》師を管長に推挙するほど寺で人望が篤かった。「頑固一徹でしたけれども俗の哲学者のような人でした」と西岡は述懐する。法隆寺宮大工棟梁家は代々、『愚子見記』という大工技法書を寺からあずかる。いわば鑑札である。その本をあずかったことで西岡家は名実ともに棟梁家として認められた。

四大工のうちの多聞の系列の長谷川がこの本を伝えてきたらしいんですが、明治になって、お祖父さんの代からわが家でおあずかりしてまいりました。まあ原本は法隆寺にお返ししましたんでいまはありません。これは復刻された本ですけれども、第一冊から九冊までありまして、一冊目には、伽藍には四神相応の地を選べと、これは中国から伝わった思想やと思いますけれども、東には青竜（流水）、南には朱雀（汙池《おち》）、西には白虎（大道）、北には玄武（丘陵）がなけりゃならん、もしそうなってなかったら、東には柳、南には桐、西には梅、北には槐《えんじゅ》を植えてカバーせよと書かれてます。様式論やなしに実際の仕事のことばかり詳しく書かれてまして、たとえば瓦にする粘土と壁土にする粘土の質のちがいまで書いてあります。築地塀やなんかでも幕板には鯨の脂を使用せよとかな。そんなこといまの建築家は知りませんわな。ひじょうに参考になります。

数奇屋建築は別としてわが国の大工技術は宮大工家に蓄積継承されてきた。大手ゼネコンの竹中工務店や清水建設の創業家は江戸時代の宮大工であり、元請けとして工事一式を請け負ってきた。が、西岡家は寺に帰属する宮大工であり、工務店とか事業家などのイメージからは程遠く、報酬も日当が基本である。

まあね、法隆寺棟梁いうても、毎日仕事があるわけやない。仕事のないときは農業をやって食っていたんです。宮大工というのは百姓大工がええのかもわかりません。田んぼと畑があればなんとか食っていけますんでな。ガツガツと金のために仕事せんでもええわけですから。儲けを考えたら宮大工なんかできません。やってはならんことです。食えても食えんでも宮大工は民家はやらんのです。この家もわたしが作ったんやない、ほかの大工さんに作ってもらってるんでっせ。

明治四十一年、この家で生まれた西岡常一《にしおかつねかず》にとって法隆寺宮大工棟梁家を継ぐことは逃れられない運命であった。祖父常吉に手を引かれ、幼いころから現場に連れてゆかれ、仕事を見ておくよう命じられた。

わたしは親父の弟子というよりもお祖父さんの弟子ということで育てられました。最初は現場に連れてゆかれて「そこに座ってじっと見ておれ」でしたな。すぐ横で友だちがベースボールなんかして遊んでまっしゃろ。なんでわしだけ現場に連れてこられんならんのやろと恨んだこともありました。小学校に上がる前の遊びたいさかりのころからです。学校に上がっても夏休みとか冬休みには現場です。佐伯定胤管長さんから、その当時、なかなか口に入らんカステラなんぞをいただいたのもおぼえてますな。上級生になったころから、ぼつぼつ、砥《と》ぎ水を汲まされたり、大工さんの手伝いをさせられたりしました。

昭和の大修理で整備される前の法隆寺は、薬師寺がそうであったように、明治の廃仏毀釈で寺運がかたむき、閑散とした荒れ寺であり子供の遊び場でもあった。境内で子供がベースボールをしている……。いまでは想像もできない光景といえる。そんななか西岡家は黙々と働き通した。

明治十七年、法隆寺西園院持仏堂修理

三十一年、法起寺三重塔解体修理

三十六年、法輪寺三重塔解体修理
四十一年、法隆寺上御堂解体修理
大正四年、南大門修理

この時期、祖父常吉は棟梁を実弟の菊蔵に譲り、婿養子の楢光《ならみつ》を仕込むとともに、孫の教育にも心魂をかたむけている。

親父（楢光）はよその在所から来た婿養子ですねん。農家から来たもんですから宮大工のことはようわからん。二十五、六からはじめたんでは遅すぎます。まあ必死に勉強して棟梁にはなりましたけど、わたしが直系の孫だけにお祖父さんから見たらかわいかったんでしょう。跡を継ぐのはこいつやと。かわいさ余ってきびしさとなったんでしょうけれども、あれやこれやと手をとって教えてくれるわけやない。砥《と》いだ道具を見てもらっても「まだや」と言うだけです。また砥いでもっていっても「ちがう」でしょ。どこがどうちがうのか言うてくれませんねん。どう砥いだらええのかも教えてくれません。「得心いくまで砥いでみよ」。それだけです。頭でおぼえたものはすぐに忘れてしまう。身体におぼえ込ませようとしたんでしょう。まあ小学校出るころには、なんとか砥ぎもできるようになっておりました。手がおぼえる——大事なことです。教えなければ子供は必死で考えます。考える先に教えてしまうから身に付かん。いまの学校教育が忘れてることやないですか。

ごまかしを決して許さない祖父だった。少年はひたすら砥ぎつづけた。砥石でこすれ、指から血の出たこともあった。月を見上げて泣いたこともあった。それでも歯を食い縛って砥ぎつづけた。少年には少年の負けじ魂があった。六ヶ月、一年……。腰がすわってきた。血をにじませた傷跡がタコとなるころ、腕の力を加減することをおぼえ、動作にリズムが出てきた。ある日、ふと腑に落ちるものがあった。砥ぎ場の裸電球が揺れ、水に濡れた刃先がにぶく光っていた。「できた！」。手がおぼえた。祖父の笑顔がまぶしかった。その分厚い胸に飛び込んでいきたい衝動を押さえることができなかった。

口伝もきびしく教えられました。正座させられて、「最初から言《ゆ》うてみい」ですわ。ちょっとでもまちがえたら「また明日や」です。堂塔の木組は木の癖組、木の癖組は工人達の心組。そんなとこっちはちっともわからん。わからんけどとにかくおぼえさせられた。やっと最後まで言えたら

「よろしい」、それだけですわ。で、また何ヶ月かたったら正座させられて言わされる。そんなことのくり返しでしたな。

鵤《いかるが》寺工古口伝。法隆寺宮大工棟梁家が伝えてきた棟梁心得で、「神を崇めず仏法を賛仰せずして社頭伽藍を口舌すべからず、伽藍造営には四神相応の地を選べ、社殿堂塔の用材は木を買わず山を買え、用材は成育の方位のままに使え、堂塔の木組は木の癖組、木の癖組は工人達の心組、工人達の心組は匠長《たくみおさ》が工人への思いやり」とつづく。

祖父は孫が理解しようが理解しまいが暗記することを強いた。頭脳がやわらかいうちに種を植え付けようとしたのである。やがてその思惑は見事に花開くこととなる。口伝に書き留められた心得こそ西岡建築論の骨格となり血肉となっていったのである。「とりたてて言うほどのこともない。宮大工なら当然守るべきことが書かれてあるだけです」と棟梁は謙遜するが、とりわけ第三から第五に記された「木を買わず山を買え、用材は成育の方位のままに使え、木組は木の癖組」は、西岡棟梁の哲学ともなっていった。

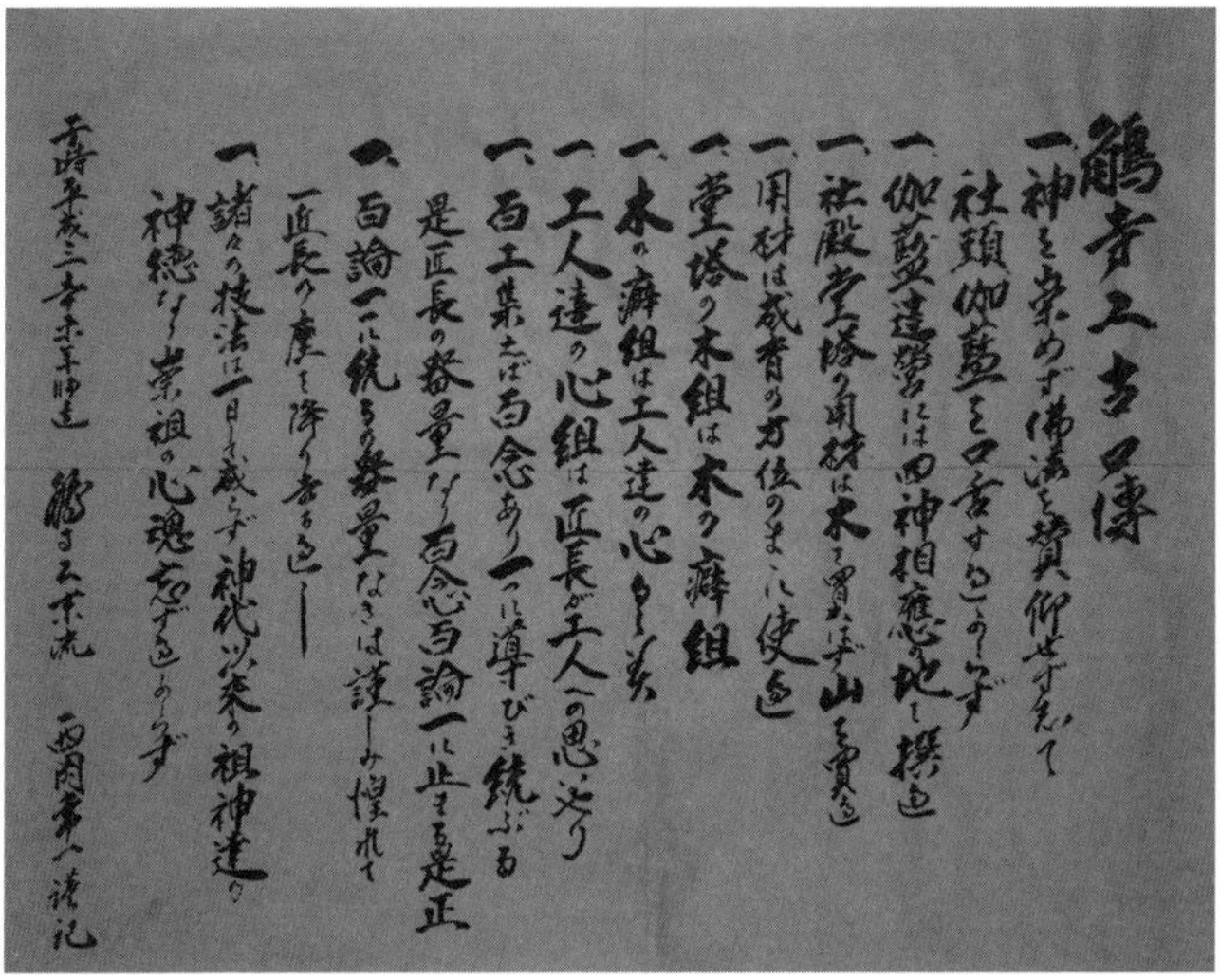

鵤寺工古口傳

一、神を崇めず仏法を賛仰せずして
社頭伽藍を口にすることなかれ

一、伽藍造営には四神相応の地を撰べ

一、社殿堂塔の用材は木を買はず山を買へ

一、用材は木の生育の方位のままに使へ

一、堂塔の木組は木の癖組

一、木の癖組は工人達の心組

一、工人達の心組は匠長が工人への思ひやり

一、百工あれば百念あり一つに導びき統ぶる
是匠長の器量なり百念百論一に止まる是正

一、百論一つに統るの器量なきは謹しみ惧れて
匠長の座を降り去るべし

一、諸々の技法は一日にして成らず神代以来の祖神達の
神徳なり崇祖の心魂忘るべからず

時平成二年未年仲春　鵤寺工末流　西岡常一謹記

鵤寺工古口伝

法隆寺全景

行儀作法もきびしかったです。「目上の人と話すときは目を合わせるな」「胸のあたりを見て話せ」でっしゃろ。お祖父さんとしたら、腕の立つ大工に育てる気は端からなかった、法隆寺棟梁はかくあらねばならんということなんでしょうけれども、こっちは恐いもんやさかいハイハイ言うだけでしたな。

小学校を卒業すると、工業学校へ行かせたかった父の反対を押し切り、祖父の厳命で農学校に入ることになる。工業学校なんかを卒業すると精神的にサラリーマンになってしまう、額に汗することを厭う——祖父常吉の言い分であった。

親父は工業学校へ入れようと思ってましたんですけども、木のいのちを知るためには土を知ってなければならん、そのために農学校へ入れということで、お祖父さんに押し切られて農学校へ放り込まれたわけです。わたしも最初は大工するのに農学校なんかいらんわという感じでしたけれども、まあ、実習がありまして、米を作ったり野菜を作ったりするんですけれども、種をまく、花が咲く、そして実りがある。そういうことがだんだんおもしろうなってきまして、ああこれが土のいのちかと、お祖父さんがいつも言《ゆ》うてる土のいのちということがわかってくるようになったわけです。で、まあ学校卒業して大工見習いになったんですが、材木を検査する段階で、土質によって木の質が決まりますんで、これは吉野の檜《ひのき》や、これは宇陀の檜やと見分けられるようにはなってましたな。

大正十三年、農学校卒業。営繕大工として認められるまでに三年、一人前の大工となるまでにさらに三年を要した。先に楢光《ならみつ》を育てることに情熱を燃やした祖父常吉は棟梁の座を楢光に譲り、大工としての技法を教え込んだだけでなく、管長へのお茶の差し出し方、先輩大工との接し方、いずれなるであろう棟梁としての心得など、孫の育成に心血をそそいだ。建築物としての法隆寺だけでなく、聖徳太子の教え、法隆寺が日本の歴史にしめる意味など、自宅に戻ってからも夜遅くまで座学がつづいた。一種の英才教育である。心を空《くう》にしろ。雑念を捨てろ。そのひとつひとつが水が砂に吸い込まれてゆくように心に沁みた。この青年期こそ棟梁として育ってゆく揺籃期だったといえよう。

薬師寺の用材を買い付けるときですわ、標高二千メートルぐらいの台湾の山に入ったんですけれども、千五百年、二千年という檜《ひのき》は嶺のほうに残されていました。あそこの山は切り立った石灰岩ですねん、養分は谷に流れ出して痩せていた。しかも風の強い斜面で千年以上も生き永《なが》らえてきた、じっと風雪に耐えながらね。そのとき、なるほど農学校へ行かせたのは、山に入ったとき、土を見て木のほんとうの姿を見よということやったんやなと……。

取材は週一度、二時間以内という約束ではじまった。いちいち報告はなかったがおそらく取材のあとなんらかの変調があったのだろう、二回、三回と撮り進めてゆくにつれ、取材が一日延ばしになっていくようになった。ご家族にもたいへんな心労をかけた。合計十回、二十時間は危険な綱渡りだった。それでも約束を守ろうとされたのは棟梁にはっきりとした自覚があったからだと思う。もう現場に出ることはかなわないが、自分には遺書を残すという大仕事が残されている。来るべき日までの時間を悔いなきものにしたい……。

伽藍建築技法は仏教とともに大陸から入ってきたといわれてますけれども、中国ではいまでも塔の基壇には磚《せん》（素焼きタイルのような素材）が使われていますし、民家の壁なんかでも地面から塗り上げてますわな。いうならば土の文化です。日本に入ってはじめて木だけで組み上げるということがはじまります。『日本書紀』に瑞宮《みずのみや》には檜《ひのき》を使えと書かれてあるぐらいですから、日本人はすでに木の扱いにはそうとう習熟していたんやないかと思いますよ。軒を深くして雨風を防ぐ、ゆるやかな美しい屋根の勾配をつくり出す、そういうことからいうと、なるほどお手本は大陸ではあるけれど、日本に伝わってはじめてほんまもんの木の文化が生まれたんやないでしょうか。もちろん大陸や朝鮮半島からすぐれた技術者がやってきて指導にあたったんでしょうけれども、日本の匠もすでに木を扱うことに慣れておったと思います。そやなかったら、それまで土の中に埋めておった掘っ立て柱を柱石の上に載せるなんてこと考えられません。掘っ立てのままならいくら檜が強いゆうても電信柱と同じでそんなにもちませんわな。まことにすぐれた知恵やと思いますよ。

大陸伝来の寺院建築技法は日本の気候風土に合うようさまざまな工夫がなされ法隆寺で集大成された。飛鳥から江戸まで各時代の建物が並ぶ法隆寺は古建築の宝庫ともいえる。そこで西岡棟梁は昭和九年からはじまる昭和の大修理にたずさわることとなる。祖父常吉が手塩にかけた孫は一人前の大工に育っていた。

それにしても木造建造物が、いくたびかの修理があったにせよ、千三百年ものあいだ存在しつづけてきたのは奇跡というほかない。近年、主要な寺院建築はおおむね修理の手が入り、新たに修理を待つのは法隆寺だけであった。その千載一遇のチャンスに西岡棟梁はめぐり合ったのである。

やっぱり回廊、金堂、塔という飛鳥建築がいちばん印象に残ってます。忘れられませんな。法隆寺を支えてきた木は檜《ひのき》ひとすじでございまして、結局、この近辺にたくさん檜があったんやと思います。それで組まれてあるんですけど、製材をするのに当時はみな割って製材したもんです。そやからその時点で木の癖がわかってあるもんですから、ひじょうに組みやすかったと思います、大工さんはね。いまの製材は機械で挽《ひ》いてしまいます。ねじれた木でもまっすぐに挽いてしまいますんで木の性質を見分けにくい。やっぱり割ったときの用材を身をもってようおぼえておかんと、この木は右ねじれなのか左ねじれなのかということがわかりませんわな。

回廊、金堂、塔は寸法で組まずに木の癖を生かして組んであります。右ねじれのものは左ねじれと組み合わせるという具合ですな。まあ金堂のように平面の大きなものはそないに心配いりませんけれども、塔のようなものは右ねじれを右ねじれと組んでしまうと、ほんとうに、こう、ぎゅうーと（両手を胸の前でねじってみせる）ねじれてしまいますわな。

法隆寺の檜《ひのき》はね、まあ法隆寺の檜に限らず檜はみんなそうなんでしょうけれども、千三百年たったものでも二分ほど削るとぷーんと匂いがしてきます。独特の香りがします。生きてあるという証拠です。塔の解体のときに瓦を下ろすと、いままで二寸ほど下がっていたものが、全部は返りませんけど、半分ぐらいは毎日毎日すこしずつ上がっていくと、そういうのを見ると感動しますわな、神様や思いまんな。千年たっても生きているんですから。

木は生きつづけている。法隆寺は千三百年たってもそこに在りつづけている——驚嘆であり感動であった。身体におぼえ込まされた宮大工技法は、血肉となり、背骨となり、やがて心の眼となった。そのまなざしは遠く飛鳥の風景を見すえた。活気あふれる現場が視え、工匠たちの息づかいまで感じることができた。木のいのちが建物のいのちを支えている。神を崇めず仏法を賛仰せずして社頭伽藍を口舌すべからず、用材は成育の方位のままに使え、堂塔の木組は木の癖組。口伝のひとつひとつがあらためて心に沁みた。自分はいのちある建物を造らねばならない。以降、西岡棟梁は飛鳥建築の真髄に向かってまっすぐに歩むことになる。

法隆寺は『日本書紀』によると、六〇七年、聖徳太子によって建てられた若草伽藍が大火災で焼け落ちた（六七〇年）あと、和銅年間（七〇八年〜七一五年）に再建されたとされる。現在の西院伽藍である。しかし若草伽藍は全焼しているのでそこから用材を転用したとは考えられない。また飛鳥の建築様式が百年後の和銅年間までつづくのかという疑問が残る。そして全焼したのなら薬師如来像や釈迦三尊像など飛鳥時代の遺宝が現存しているのも不思議なことである。法隆寺再建非再建論争はいまだにくすぶっているが、棟梁は現場から明快な答えを出す。

たとえば西院伽藍に回廊がありますわね。柱を見てもらったらわかりますけれども、どの柱も表に節だらけのものが使われておる。とくに南側の柱にやたら節がある。これは太陽に照らされて訓練されたところをそのまま太陽のあたる南に配するという考え方です。山で南に生えていた木は建物の南にもってくる。それが古いやり方なんです。金堂でも中門《ちゅうもん》でも、とにかく構造材には節のある木を遠慮なく使ってます。千三百年ももっているのはそのためです。時代が下がってくると節の

法隆寺回廊

法隆寺回廊の柱

ないきれいなところを正面にもってくるというやり方に変わるんです。

飛鳥型のものは屋根からの荷重を受ける人型束というものが虹梁《こうりょう》（虹のようにむくった梁《はり》）の上にありますけれど、虹梁というのは上からの重さを、斗《ます》（柱上部の四角い組物《くみもの》）を通して両方の太い柱に振り分ける働きをしています。すばらしい工夫です。その斗と柱のあいだに皿斗《さらと》が置かれてますが、その形や大きさで時代がわかる。飛鳥の皿斗はエンタシスの柱のいちばん太い部分の大きさになっている。そやから上からの荷重を柱全体に分散する。時代が新しくなると皿斗の意味が忘れられて小さくなっていくんですわな。

皿斗のない柱ですと柱の上のところがへこんでるのがある。力ちゅうもんは全体のバランスが崩れると弱いほうへ弱いほうへと集中していきますから、そうなるとたいへんなことになります。それぞれの部材には意味がある。ひとつひとつが全体の構造を支えているんですが、それがなければならないという意味がある。それが飛鳥建築です。見てくれやなしに構造が主体です。それでいて全体としてすぐれた調和を保っている。木に無理をさせない、木のいのちをいちばんに考えている。そやから千三百年ももっているのです。

木はそこいらあたりにぎょうさんあったんやと思います。けれども大切に使ってます。いまやったら寸法ちがいのもんなんか使いませんわな。曲がった木も反る木も、自然のままに、下手な細工をせずに使《つこ》たある。木を大切にする気持ちがあったんやと思います。けれどもそれは同時に、伽藍建築にたずさわった者の心のもち方がいまとはちがう、やはり祈りの気持ちがあって仕事をしたんやと思いますよ。

鵤《いかるが》寺工古口伝の第一は「神を崇めず仏法を賛仰せずして社頭伽藍を口舌すべからず」である。この考えは棟梁としての心得のみならず西岡常一《にしおかつねかず》の行住《ぎょうじゅう》坐臥《ざが》すべての指針となっている。たとえば聖徳太子という人物の実在を西岡は素直に信じている。推古天皇の摂政として国政を指導し、仏教導入に多大な功績を残した厩戸皇子は古代史に登場するスーパースターであり、聖徳太子は彼をモデルにした架空の人物なのだと学問はいう。しかしそれは西岡にとって観念であり、古材に刻まれた建築技法のひとつひとつが明かすような真実ではない。西岡にとって大切なのは、いまも生きる太子信仰であり、法隆寺であり、仏法そのものなのだ。

二十七歳ではじめて棟梁を文部省から拝命しまして取りかかったのは、夢殿の前の礼堂です。東院伽藍のね。そのときお祖父さんはすでに亡くなっていました。まあ自分では自信はありましたけど、反面、ほんとうに最後までやり抜けるかどうか、大工さん方はみな年上ばかりでっしゃろ、途中で投げ出さにゃならんのやないかと不安もありました。そして今度は西院伽藍に移って大講堂と、そういう順番でやってきました。飛鳥の建物はいちばん最後ということで、塔、金堂はそのあとになります。

法隆寺は金堂や塔が並ぶ西院伽藍と、夢殿、礼堂、伝法堂などが並ぶ東院伽藍に分かれる。蘇我入鹿により滅ぼされた聖徳太子の住まい跡(斑鳩《いかるが》宮跡)に奈良時代はじめに建立されたのが東院伽藍で、飛鳥様式の西院伽藍とことなり、天平様式をもつとされる。

大講堂はほんとうはいまの建物より(柱間が)一間小さかった。いまのまま修復するか元に戻すか学者のあいだでも論争になりましたけれども、結局、大きなものでないと行事ができんというお寺の希望でいまのようにしたわけです。大講堂というのは生きたいまの仏教のためにあるものやから、生きてある仏教のために修復するというのが筋やと思いますよ。

大講堂の屋根にはね、板が使ってませんねん。垂木《たるき》の上の飛えん垂木も地垂木も三角に山を削って、めいど穴を開けてそこに縄を通して木舞掛け《こまいが》（壁下地の竹や貫《ぬき》を縄で編み上げる手法）をしてますねん。そこに裏からと表からと壁で塗り上げて、そして最後に漆喰で仕上げてあると。そやから軒がひじょうに重いですわな。それでも桔木《はねぎ》（梃子《てこ》の原理を利用し軒先の重さと屋根の重さを柱の上でバランスさせる部材。西岡棟梁は合理的かもしれないが木に無理をさせるとして否定的である）は使ってませんわ。まあ、垂木の木割が大きいんで総持ちでもってるんやと思いますけどな。

法隆寺昭和の大修理はわが国が戦火を拡大してゆく時期と重なる。西岡棟梁も応召、解除、また応召とあわただしい日々を過ごしながら、西里に戻るとすぐさま、東院絵殿、舎利殿、伝法堂の解体修理にたずさわる。国全体が狂騒の日々を送るさなか、それでも営々と文化財修復に取り組む男たちがいたことに深い感銘をおぼえる。

この工事で発掘調査を導入するなど、以降の文化財修復の方法論が確立した。またこの現場には大岡実、浅野清、竹島卓一ら日本建築史学界の大物がずらりと顔をそろえた。生涯の盟友となる太田博太郎《おおたひろたろう》博士ともこの現場でめぐり合うこととなる。

法隆寺金堂と塔

法隆寺大講堂

法隆寺夢殿

法隆寺礼堂

まあ文化財保存の大御所ですけど、たいへん頭のすばらしい人で、三年前のことでもようおぼえてますねん。ごまかし利きませんでしたな。悪因縁ちゅうのか、太田先生がおられたからわたしは薬師寺に行くことができたわけですから、ひじょうに深い因縁があるのやと思います。また、わたしがおらにゃあ太田先生も薬師寺には来れんかったと思います。人の知恵では計れん深い深いつながりがあるんやと思います。

それと恐ろしがられたのは井上兼松。この男は大工上がりで仕事のことよう知ってますねん。親父やほかの大工さん方はみな震え上がってましたですな。わたしだけが抵抗するもんやから「おまえは法隆寺の鬼や」言われまして、「おれが法隆寺の鬼ならおまえは文部省の鬼じゃろ」と言い返しましたが、はっはっはっ。それから法隆寺の鬼がはじまったんです。

カメラマンが両手を胸の前で交差させた。スイッチを切るという合図だ。八十四歳、病み上がりである。さすがの法隆寺の鬼にも疲労がにじみ出ている。わたしは棟梁は不死身の人であると信じていた。いや、そう信じようとした。しかし結核という虫が肉体の深い部分を齧《かじ》り、ときとして暴れ出し、わがもの顔でのさばりはじめる。戦地に赴いたときがそうだった。金堂再建のあとは癌に冒された。そして今回は治療すべき薬が逆に老いの肉体を締め上げている。そんな病魔と闘いながらこの人は生き永《なが》らえ、現にカメラの前で最後の力を振り絞っている。強すぎる精神力が肉体の悲鳴を受け付けず、そのことが逆に身体を疲弊させてきた。それでも身体を休めようとしない。仕事に向かわせる内なるもの——ごまかしを許さない、完璧なものを目指す、一途に寺に仕える——が強すぎる。宮大工としての矜持《きょうじ》なのだろう。

この日、家族がおろおろするほど棟梁は頑張った。決して自ら休憩させてくれとは言わなかった。そのことがよくなかったのかもしれない。あるいは寒い日がつづいたことがこたえたのかもしれない。この日の収録から三週間、家族から連絡がなかった。こちらから問い合わせるのは催促するようで気が引けるし、これで終わったのかと思うとやるせない。反面、あれも聞いておけばよかった、これも聞いておきたかったと欲が出る。

いずれにせよこの建築家は、生涯、木のいのちの深さに触れる旅をつづけてきたといえる。自然を畏怖し神の遍在を感じながら素直に手を合わせてきた。その姿はかげろう立つ一本道をつつしみ深く歩きつづける巡礼の姿に似ている。

楼蘭山への道　一九九〇年十二月

台湾檜《ひのき》の原生林は棲蘭山の嶺に広がっていた。標高二千メートル、谷底から霧が昇り一瞬にして乳色の世界に閉じ込められたかと思うと、一陣の風とともに霧散し、鬱蒼たる樹齢千五百年の原生林が姿を現す。そこでは世代交代がくり返され、太い木もあれば地上から芽を吹き出したばかりの赤ちゃんもあった。老木の樹皮は大蛇のウロコに似て銀色に輝き、まるで雨を呼ぶ竜神のようにねじれながら天に伸びている。力尽き折れ、そこから子や孫が枝を伸ばす宿り木もあった。お互いが生存を主張し合い、負けじと上へ横へと伸びようとしている。そこは天空の仙境であり異界だった。鳥のさえずり以外なんの音もなく、ひとりでいると静けさのなかに吸い込まれてしまいそうな恐怖があった。一九七〇年、西岡常一《にしおかつねかず》は薬師寺棟梁を引き受けるとこの原生林に向かった。社殿堂塔の用材は木を買わず山を買え。口伝に導かれるように山に入ったのだ。

そのとき山で選び出した木が台湾で製材され、日本に運ばれて体育館のように広い用材置き場に積まれている。ぷんと檜の匂いが鼻をつき、空気がひんやりしている。密やかな息づかいが気を放ち、あたりの空気を清浄なものに変化させている。棲蘭山の原生林そのままの匂いだ。木は伐採されたあとも呼吸し、清冽なヒノキチオールを放出している。

お寺としては、今世紀にこれだけのお堂を造るんやからぜひとも木曾檜《ひのき》でやってもらいたい、そういう橋本凝胤《はしもとぎょういん》長老の希望がありまして、林野庁とも交渉したんですが、苗木を育てる種採りの木しかないから切れんと断られまして、それでどうしても樹齢千年以上の檜やないといかんちゅうことで台湾檜に切り替えたわけです。国内にはもう千年以上の檜はありませんのでな。あれだけの規模の建物ですと高さが二十メートル、直径が二メートル以上なければ部材をとることができません。ということは千年以上の樹齢がなければならんということです。

社殿堂塔の用材は木を買わず山を買え――口伝はそう教えている。途方もない教えといえる。修理修復の棟梁から新たに伽藍を造営する棟梁へ、この教えをわがものとするまでに長い歳月を要した。逆にいえば人生の晩年にいたってその領域に入ることができた。伽藍を造る棟梁になれ。西岡家三代の願いが薬師寺復興工事でかない、山を買うために台湾に渡ったのは六十二歳のときだった。

長い道のりの出発点は農学校からだった。木のいのちを知るためには土のいのちを知らねばならない。だから孫は工業学校ではなく農学校で学ばねばならない――祖父の言い分だった。

最初はなんで百姓の真似せんならんのかとお祖父さんを恨みましたけれど、農学校に入りますと実習がありまして、種をおろす、芽が出る、やがて実がなる、そんなことがだんだんおもしろくなってきましてね。それに米にしろ野菜にしろ果物にしろ、人間が手間をかければそれだけ大きく育っていく。正直なもんです。それと早く育てることはできんということも学びましたな。春、種をまいた植物は秋まで待たんと収穫できん。人間も同じということですかな。詰め込みすぎてもあかん。じっと熟すのを待ってやる。すこしだけ手を加えてやってな。まあ土と親しむことで土はもののいのちの基本やということがわかってきたわけです。いのちを育むその基本が土やと……。

土壌とは地球を覆うたった一メートルぐらいの表土である。岩石の粉も砂も泥も混じっている。落ち葉が堆積し動物の糞も微生物の死骸も存在する。舌でなめ、鼻で匂いを嗅ぎ、腰のバランスで肥料を運び、草を抜き、水をやることで土壌をおぼえた。豊壌な土にはミミズや昆虫の幼虫が宿る。土は万物のみなもとであることを発見し少年は素直に感動する。いまの教育は子供を自然から遠ざけた。イモムシを見てキャッと飛びのき、ヘビを見て失神する子供には土のいのちはわかりっこない。自然は感謝の対象にはなりえない。

生駒農学校。農業実習中

級友たち

校長先生が『農業経済学』という教科書で教えてくれましたが、農業経済学の基本は最少の労働で最大の収穫を得ることやと書いてあるが、ほんとうはそうではなしに、ひとりの百姓の働きで何人の日本人を養うことができるかやと、そういうことを教わりましてね、いまでも忘れられん言葉です。百姓というのはえらいもんやと思いましたですな。日本人が百姓仕事をばかにするようになったのはいつごろからですかな。

西岡少年は農学校で煙草《たばこ》をおぼえた。大人の気分を味わおうと背伸びをしたのが大きな失敗でいまもやめられない。いささかツッパリ気味の少年はそれでも百人中八番で卒業できた。頭の片隅にいつも未知なるものを受け入れる受け皿があったからだろう。新しい世界を知ろうとするアンテナは土のいのちの不思議をキャッチした。そんな少年に、卒業後、大工見習いのかたわら祖父は一人前の百姓になることを命じた。学校で学んだことを実践するため米作りをさせられたのである。

わたしがまかされたのは一反半ですからお百姓の足元にもおよびません。ふつうは一町ぐらい耕しますが、それでもひとりでやるというのはたいへんでした。お祖父さんからすれば学校で学んだものを頭だけでなく身に付けさせよう、ひとりでやることで責任感をもたそうということやったんでしょうが、そこで徹底的に自然と裸で向き合った気がします。

地水火風つまり土、水、太陽、空気——自然ですわな、そのうちのどれひとつ欠けても生き物は育たんということです。空気がなかったら、水がなかったら、人間もなにもかもこの地球に存在しませんのや。人間は草や木と同じように自然というものに生かされてるんですわな。そやからもっともっと感謝の念をもたんとあかんのとちがいますかな。

西岡少年は三年間の農学校と一年間の米作りで自然の偉大さを学び、自然に感謝する気持ちを育んだ。このことが西岡常一を決定づけた。木は金を出して材木屋から買うものではなく自然からの恵みである。宮大工の仕事とは自然のなかで千年も千五百年も永《なが》らえてきたいのちを建物に生かすことにある……。

二十七歳ではじめて棟梁を命じられたのが礼堂ですけれども、そのとき挽《ひ》き立て材やなしに原木を買《こ》うてみました。これは垂木《たるき》、これは桁《けた》と見分けて木取り（大きな原木から部材を切り出すための墨付け）をせんならんわけです。あてがいぶちの材料やと注文通りの寸法で来ますから、墨付けして刻んでいけばええんですが、原木やと挽いてみたときにこれはあかんというのが出てきますんで歩留りがわるいですわな。そこで木を見きわめる眼というものが必要になってきます。

一本の木を見たらこれはどういう山で育ったのか、南側に生えていたのか北側なのか、嶺に近いところか谷なのか、いろいろ考えます。この木はどこに使うのがいちばんええのか、木のいのちを永《なが》らえさせることができるのかと考え抜いて、これは柱に向いてある、これは桁に向いてあるということで配置するわけです。それはもちろん建物の寿命を考えてのことですが、まずは千年も千五百年も山で生きてきた木を切らせてもろたわけですから、まず木に感謝するというのがいちばんです。

土の質によって木の性格がことなりますんで、これは吉野産、これは宇陀産と見分けることはできてましたですけれども、なるほどお祖父さんが農学校へ行かせて土を学ばせたのはこういうことやったんかと思いましたな。土が木の性質を決める大きな要素です。

国内産の檜《ひのき》でも産地によって性質がことなる。「吉野は冷たくて麻の肌触り、尾州は真綿に触れた感じ」という。ふつう大工さんは色や匂いや肌触りで産地を言いあてるが、西岡棟梁は表面的な分別法に加えて木を見て土の質を類推し、そこから逆に産地を割り出してゆく。

伽藍建築はむかしから檜一筋ですけれども、いちばんよろしいのは吉野材。第一に強い。その上に粘りがある。尾州材はきれいでやわらかく細工しやすいんですが、吉野と較べると弱い。軸部には向きませんな。柱や梁《はり》なんかにはやっぱり吉野がよろしい。台湾檜もわるくはないんですが硬い代わりに反力に弱い。

まあそんなこと言うてもな、年老いた宮大工の繰り言かもしれませんぜ、日本だけやなしに世界的にもう千年千五百年という檜はないんです。薬師寺が最後やないですか、台湾檜を使わせてもろうた地球上最後の工事ということです。

金堂に要した木材は足場などの野材を含めると三千五百石となる。ちなみに一石は十立方尺である。これだけの量を、一度ではないにしろ、最終設計図が完成する前に頭の中の計算だけで、それも一本一本の木を柱や桁に向いていると判断して購入するのだから畏れ入る。模型がほぼ完成していたとはいえ、棟梁の頭の中に詳細な図面がインプットされ、それぞれの部材の寸法まで割り付けられていたのだろう。

われわれの口伝に、社殿堂塔の用材は木を買わず山を買え、というのがありますねん。伐採されたあとではよく木がわからん。土質によって材質がちがうし山の環境によって癖が生まれる。そのために山に入って土質や環境を見る。環境とはどういうことかというと、台湾はだいたい東南から風が吹いてますわ。南面に木があるとすれば、南に大きな枝が伸びてそれに風があたっていつも西にねじられる。ところが木はまっすぐに伸びようとする性質があるんで、それに対抗して育ってゆく。それがまあ木の癖です。北側の反対側の木はその逆ですわな。そういうことをきちんとわきまえて、これは桁《けた》に向いてある、これは柱に向いてあるということを見きわめて伐採してもらう、そういうことで山に入るわけです。

二千五百年いうたら、法隆寺の材木がだいたい千二百年ぐらいで伐採されて伽藍になってますねん。それからこっち千三百年、だいたい二千五百年ですわな、法隆寺の檜が日本に生えたときに台湾で生えた檜が、まだ残っておるちゅうことですわ。直径四メートルぐらいになってますけどな。そんなん見たら木とは思えませんな、神様や思いまんな。とにかく人間あんた、やれドルが上がった下がった、やれ台風が来る、地震が来るゆうてウロウロしてますやろ。木というやつはえらいですがな、泰然として台風が来るなら来い、雷落ちるなら落ちよ、自然の猛威を受けて二千年のいのちがありますねん。そういうこと考えると神様ですがな。

いまはチェーンソーでざぁーと切ってしまいますけど、むかしは拝んでから伐採させてもろたんです。ヨキの両面に線が彫られてますが、ちゃんと意味があって、三本の線はミキちゅうてお神酒《みき》を表してるんです。木を切り倒す前に木の根元にこいつを添えて「どうぞ切らせてください」と拝むんです。お神酒の代わりにするわけです。四本の線は四大ちゅうて地水火風を表してます。道具一本にそれだけの思いが込められているわけです。むかしの人はそれだけ自然を畏怖していたということでしょう。

台湾に最初に行ったときは生駒さんという執事がお香を焚いて拝んでくれましたんですけど、次に高田好胤《たかだこういん》管長が来てくれはって、ご恩返しやいうて、吉野の檜の苗を伐採したあとに植林したんですわ。（伐採するのは）千年先のことで（薬師寺には）間に合いませんけどな、へっへっへっ。

無尽蔵にあるといわれていた台湾檜もいまでは標高二千メートルあたりの高山のごく一部にしか残されていない。そして平成四年、伐採禁止令が出され、それ以降は切り出すことができなくなった。しかしそれ以前に一定量の用材を調達できたことは、薬師寺伽藍にとってまことに幸運だったと言わざるをえない。

本来、嶺に近いところは養分が流れ出して木が育ちにくいんです。ところが谷のほうにはあまりありませんで、嶺のほうにばかり立派な木が生えてましたな。嶺の木は細くて硬く節が多いのがふつうです。だから構造材には嶺の木。谷の木は同じ樹齢でもやわらかくて太い。だから造作用。中間のものは装飾材に使う。だいたい直径を見ると樹齢はわかります。わかりますけれども、とにかく葉が青々と若いのは内が空洞です。もうわしゃ生きてるのかなわんとなったやつが内まで詰まってます。

それと口伝にね、「木を買わず山を買え」につづいて「用材は成育の方位のままに使え」というのがあります。それは、山の南側に生えていた木はお堂の南側にもってこい、北側の木はお堂の北側にもってこいと、長年、太陽で訓練された木をやっぱり太陽の光のあたるところにもってこいということです。それと東西南北によっても性質がちがうんです。南側の木はお日さんががんがんあたるんで硬い。だから柱にしようと。軸部には南と東の木が向く。西に生えてる木はおとなしい。造作材に向く、こういうことです。

飛鳥、白鳳、天平ぐらいまでの建築はみな正直に守られてます。室町に入ってくると今度は無地が上等になって、南に生えてた木はどうしても節が多いでっさかい、それを見えんとこへ、裏のほうに回せと、そういうふうになっていきます。古代建築は正直に守られている、そやから千三百年のいのちがあるんやと思いますよ。室町以降の建築は五、六百年で解体修理せなりませんわな。飛鳥建築は千三百年ぐらいは大丈夫です、解体せんでもね。自然に生えたまま、方位のままに使ってあるからです。

原生林は現実から隔絶された深山幽谷にある。人とも出会わない。にもかかわらず、ひとときおり撮影が終わったころ犬の声が聞こえてきた。斜面を登ってゆくと壊れかけた小屋があり、夏だというのに囲炉裏に火が焚かれていた。女性に聞くと山林労働者のまかないをしているのだという。食料は週に一度、役所のジープが届けてくれるらしい。原生林にも保護の手が入っていた。放置されたままではないことに他人事ながらほっとしたのをおぼえている。

内地産の檜《ひのき》とくに吉野の檜はねばっこくて反力がある。曲がってもぴーんと撥ね返す力がある。台湾産はそれがないことはないけど弱いです。もしも曲がったら、曲がるだけやなしにそこで折れてしまうんやないかという疑いがありますな。そういう点で材質としては気に入りませんけれども、シロアリに強いという特徴がありますんで、まあ一長一短ですわ。

用材置き場に積まれた用材は、今後十年以上つづく工事に必要十分な量ではない。今後の工事に必要な一万二千石という気の遠くなる用材は、伐採禁止令以降、上原副棟梁らが台湾各地の材木屋をめぐり歩き、一本一本探し出し買い付けねばならなくなった。それでも薬師寺のためならば、西岡棟梁のためならばと、台湾の業者は骨身を惜しまず協力してくれている。

台湾で伐採・製材してもらって内地にもってくるまでに二年ぐらい、それから長いもので十年、短いもので四、五年ぐらいでしょうか、木拵《きごしら》えするまでにね。本来ならばむかしのように筏《いかだ》で流して、

台湾檜の山

台湾檜の原生林

原木置き場で台湾檜を前に

（貯木場で）水に漬けとくのがいちばんよろしいのですが、なかなかそうはできません。筏で流すと皮の周辺の糖分が流れ出る。それで虫害を防げるという利点がある。また水に漬けとくと脂気が抜け出ますんで、より乾燥が早くなる。そういうことです。用材置き場でも夕立に合わせてひと夏過ごさせると脂は抜けてくれます。それでも三分の一ぐらいしか抜けません。ほんとうに芯まで乾燥させるには十年ですわ。まあそうはいきませんので半分ナマのまま使うこともあります。使いますけれども乾燥した時点でどう狂うかということを見越して木拵《きごしら》えしてゆくちゅうことですわな。

心眼の人はしゃべりながら絶えず木に触れている。乾燥を確かめているのか、内部の節の在りかを診ているのか、樹齢を確認しているのか、それとも部材の割り振りを再考しているのか。道具を使ってきた武骨な指ではない。むしろ学者のようなやわらかな指だが、手のひらの指紋が磨耗している。道具を握り締めてきたことの証しだろう。名医は触診することで患部がわかるという。この人の手も眼よりも鋭く木の状態をつかみ取る。祖父の厳命で心ならずも農学校に放り込まれた少年は、いくつもの時代を生き抜き、いくつもの木をめぐる旅をやりおおせたことでわれわれには想像もつかない領域に踏み込んでいる。

法隆寺西里　一九九三年十一月

久しぶりにご家族から連絡が入り、ご自宅を訪ねることができた。畑に人の姿がなく、刈り忘れられた野菜に霜が降り、西里に冬の気配がただよいはじめた。春の菜の花越しの風景も忘れがたいが、冬枯れの畑の向こうに見える法隆寺も孤高であり一幅の絵になる。その日は法隆寺昭和の大修理のハイライト部分に迫るつもりでいた。

昭和九年からはじまり二十年間の長きにわたってつづけられた大修理だが、日本がどんな時代だったのか、簡単に振り返ってみたい。

昭和七年、満州国建国

十年、天皇機関説やり玉に

十一年、二・二六事件

十二年、盧溝橋事件から中国へ進軍、南京虐殺

十三年、国家総動員法

十四年、第二次世界大戦はじまる

西岡青年も応召、解除、再び応召と翻弄されながら寺に思いを馳せつづけた。昭和十八年、戦地で夢にまで見た法隆寺に戻ってきた。休む間もなく五重塔の解体調査、金堂上層の解体

疎開に取りかかる。戦火を避けるため伽藍に迷彩をほどこし、地下壕を掘り、仏像を分散疎開させるなどあわただしい空気に包まれての作業だった。昭和二十年、大阪大空襲。連合国軍の包囲網がますます狭まってくるなか、臨時応召で朝鮮へ。木浦飛行場で終戦を迎えた。

青山茂先生（帝塚山短期大学名誉教授）との対談（『斑鳩の匠 宮大工三代』徳間書店）に終戦報告を大隊長に代わって書き上げた顚末が記されている。「大隊本部にだれも書く者がおらしませんのや。（中略）しゃあないわと思って、終戦報告の草稿をこしらえたわけです。情けないこっちゃなと思うてな。ふだん、勝っているときには、天皇陛下を背中におうて、いばりくさってた将校がみんな腰が抜けてしもうてね。（中略）『八月十五日、終戦の詔勅を拝す、全軍、粛として声なし……』というような書き出しで書きましたんや。（中略）国敗れて山河あり、山河のあるところ草木あり、草木の生ずるところ民草《たみくさ》必ずあり、というようなことも書きましたわ」。

終戦とともに帰郷、すぐさま中断していた五重塔の解体調査を続行する。夢にまで見た法隆寺に戻ってきた。しかしこの時期多くの国民がそうであったように、棟梁も食うや食わずの生活を強いられた。

賃金が公定価格の一日五円五十銭でっしゃろ。地方の大工さんは日当五十円もろてはったらしいがこっちは公定価格のまま。米一升が二十五円でしたから一日働いても二合しか買えませんねん。これでは家族を養うことはとてもできませんわな。羽織袴とか家にある衣装をみんな手放して米と交換しました。

売り食いと長ゴム靴の行商までして家族を養う日々がつづいた。委員会の浅野清博士は栄養失調で目がかすんだほど寺には金がなかった。戦後、建てれば売れる時代である。それでもこの人は民家建築に手を出そうとしなかった。

昭和二十四年、忌まわしい事故が起きた。金堂から火の手が上がったのだ。上層はすでに解体疎開しており難を逃れたものの、初層は壁画の模写をつづけるために板屋根をかけ解体せずに残されていた。むかしからそうであったように西里の人々は鳶口《とびくち》や掛矢《かけや》をもって自宅を飛び出した。西岡棟梁もそのひとりだった。

朝飯の最中でした。鐘が鳴りましてん。いつもの鐘やない。親父はすぐに飛び出しましたが、わたしは地下足袋を履いた分だけ遅れをとりました。ものすごい火の勢いでした。このままやったら伽藍全体が焼け落ちる。すぐさま（修復中の）塔の素屋根に水をかけました。すぐに消防が駆けつけてきよりましたが、水を入れんならんというので金堂の壁に穴をあけにかかった。仏様は戦争中に避難させてましたけど、中には大切な壁画がある。「どけオノレ、手を出すな」と。親父が東から水を入れてましたんで消防も負けまいとしたんでしょう。「壁画に穴あける阿呆がどこにおるか」と。そんなこと消防は知りませんわな。「おまえ誰や」「わしはここの棟梁や」。もう殴り合い寸前でした。法隆寺はわたしらがいのちを懸けて守ってきましてん、それが目の前で焼け落ちてゆく。こんな情けないことおますかいな。

棟梁の指がかすかに震えた。金堂と塔は世界最古の木造建築であり棟梁にとってはひとしお思いの込もる建物である。その金堂が焼けた。模写をしていた絵描きが暖をとるために電熱器を使っていた。そこからの出火が原因だといわれているが、棟梁はそのことをすこしも責めない。自分たちはカボチャの実を味噌汁に入れて食っていたのに、絵描きさんはカボチャの茎を食べていたのを知っていたからだ。塔の屋根土を下ろして畑にし、野菜を作って食べさせたこともある。極貧のなかで法隆寺大修理にかかわってきた仲間なのだ。棟梁は煙草《たばこ》に火をつけると深々と吸い込み、しばし目を泳がせたあとカメラに向き直った。

まあ焼けたことでこれはもうのっぴきならんということで、国のほうで予算が付き、工事に取りかかったわけですけれども、残念ながら二十八本の柱は焼けてしまいました。それを取りはずしてよく見ると、芯持ち材（内部に芯をもつ用材）が四本ございました。立派なお堂やから是が非でも割り材にしたいと思うたんでしょうけれども、やっぱり木割の都合上どうしても芯持ちも混ざるということですわな。垂木《たるき》なんか見ましたら樹齢の若い木がたくさん混じってます。そやからそこらあたりの木をみな切り倒して運び込んだということでしょうな。急いであわてて造られたといえます。塔は心柱だけは芯持ちですが、あとはみな芯去り（太い材料を縦に四分割することで芯の部分を捨てる）にして使ってます。金堂は急いでそこらあたりの檜《ひのき》をもち込んで造られたんでしょうが、塔は材木にゆとりがあった。金堂が建てられたあとあらためて用材を調達したと考えられます。芯持ちは芯去りに較べて狂いがひどいんです。割れもひどい。

世界最古の木造建造物が解体修理されることになり、その棟梁をまかされた。法隆寺で棟梁となって十五年、時代をさかのぼるように各時代の建物を修復してきた末にやっと飛鳥建築にたどりつけた。四十一歳になっていた。どこが、いつ、どういうふうに修理されてきたのか、元の姿はどうだったのか、作業は解体した部材を調べ上げることからはじまった。とりわけ部材に残された釘《くぎ》跡を徹底的に調べることで、元はどこにあったものか、なぜ、どういう都合で転用されたのか、目を皿のようにして作業は進められた。

学者グループがこだわったのは屋根の形だった。入母屋だったのか、屋根が重なった錏葺《しころぶ》き（屋根の下にまた屋根がある二重屋根形式）だったのか。また棟《むね》の端に鴟尾《しび》が載っていたのか鬼瓦が付いていたのか、委員会の議論は白熱した。

学者のあいだではいちばん古い形は錏《しころ》葺きやと、したがって最古の建築である法隆寺金堂も錏葺きやという意見が強かったんです。それと推古天皇の秘仏がまつられてある玉虫厨子《たまむしのずし》が錏葺きなもんで、玉虫厨子の貴重さにとらわれて錏葺きが正しいんやと言われてきたんですが、実際に解体して調べてみますとそうやないことがわかったわけです。

上の棟《むね》から下りてきてる野垂木《のだるき》が桁《けた》のところで下の垂木《たるき》の上に載って尻を押さえている。天秤構造ですわな。その接続のところを押さえてある三角材がようけ見つかった。これはなんじゃろうということで、ひとつひとつ釘穴《くぎ》を合わせていくと、ぴしゃっと接合部分に納まる。それでもって野垂木と下の垂木が自然な曲線になるわけですわ。で、これは錏葺《しころぶ》きではないと。（玉虫厨子のような）工芸品ちゅうのは荷重がありませんので自由にできますわな。建築の場合はそうはいきません。もし錏葺《しころぶ》きにするんなら上の屋根と下の屋根のあいだに茅負《かやおい》（垂木《たるき》の端部に載る横木。その刳《く》り面に瓦が載る）を入れて瓦刳《かわらぐ》りをしてたいへんなことになります。飛鳥の人はそんなことしませんわ。もっと素直なやり方でやりますわ。

棟梁は最初から入母屋説をとっていた。それまでの修復経験から、古代建築のおおらかさ、素朴さ、木に無理をさせない組み方を身をもって感じ取ってきたからである。心の眼はまっすぐに飛鳥工法の真髄にまで届いていたというべきだろう。

鴟尾《しび》か鬼瓦かも大問題になりましたな。鴟尾が載っていたという証拠はどこにもありません。け

再建された法隆寺金堂

金堂のディテール

れども軒の下から鴟尾《しび》らしきものの破片は見つかってます。それと棟木《むなぎ》の端がかなり下がってました。荷重がかかってたんやないかと思われます。鬼瓦ならそんなに重いもんやないんで下がるということはない。けれどももし鴟尾を載せるということになると、木が弱ってますんで取り替えるか補強せにゃなりませんわな。ということでほんとうなら鴟尾を載せんならんところを鬼瓦を載せてます。けれどもあの時代の伽藍で鴟尾が載ってないのは本来はおかしいことです。

焼けた初層の柱はさいわい木曾の御用林から切り出すことが許された。使用した材料は挽き立て材百四十七石に対し原木二千三百四十石。許される限り贅沢な用材使用となった。内部は各時代の修理の痕跡を見分け、「素直な」「木に無理をさせない」飛鳥時代の構造に復元された。戦争中、上層を解体疎開させた日から数えると十年の歳月をかけて昭和の大修理は終わった。日本の文化財修復の歴史において未曾有の時間と金と知恵と労力をかけた解体修理であった。

それとね、古代では垂木《たるき》の間隔を基準とする枝割《しわり》がそのまま瓦割やったんですが、修理前の瓦は垂木の枝割と合《お》うてません。そやから復元にあたっては丸瓦の下には必ず垂木がくるように、高麗尺に合わせて一枝が一尺一寸八分で割り付けてあります。それと地垂木が一尺ばかり切られておって裏甲《うらごう》というのが載っておったんですけれども、それを撤去して一尺延ばし、茅負《かやおい》に瓦刳《かわらぐ》りをするというふうに復元しております。

隅の組物《くみもの》を旧規に復した？　うんそれはね、修理前は隅の組物の下に新しい材料が入ってあって、その下のつっぱりで支えていたんですけども、慶長の仕事ですわ、これなんか尻がありませんので、結局、軒の荷重になってしまってます。むかし通りにすれば、大丈夫、ちゃんともちます。内陣柱間の貫《ぬき》、内外陣柱間の貫も撤去しました。地震かなんかでこれではあかんちゅうんでこれも慶長に差し入れたんですけども撤去しております。

取材制限時間の二時間が近づいてきた。棟梁の額のあたりに疲労がにじみ出ている。ふだんは背筋を伸ばす人が、机に肘を付き、前かがみになっている。カメラマンが「どうする？」という目線を送ってきた。けれどもどうしても聞いておかねばならない話があった。小屋裏の鉄骨補強の話だ。木のいのちを信頼する棟梁にとって鉄骨補強はつらい選択だった。

小屋裏に鉄骨補強をしています。さすがに千三百年たって木もくたびれてきてました。仕方のないことやったかもしれません。そやからまあ鍛造《たんぞう》した鉄ならば入れてもええやろうかもしれんけれども現在の鉄ではあかんと反対したんですけれども、工事所長の竹島卓一博士がどうしても入れろと言うんで入れました。けれどもいま上がってみるとちゃんと引っ張り合《お》うて緊張しとらなあかんのに、だんだんゆるんできてますにゃな、ということは入れんほうがよかったということですわな。

それがまた法輪寺三重塔の新築（昭和四十二年工事着手）のときも、同じ竹島博士にやかましく言われまして、わたしがどうしても反対するもんやから、お寺も困ってしまい、委員会を招集して議論したんですが決着つきませんでした。そうこうしてるうちに新聞にも載ってしまい大騒ぎになりました。

昭和の大修理が終わり、しばらくは鍋釜の蓋の修理や便所の床板を張り替える営繕の仕事に従事する日々がつづいた。その後、昭和三十四年からはじまる福山市の草戸《くさど》明王院《みょうおういん》の五重塔、本堂、書院などの解体修理にたずさわることとなる。太田博太郎《おおたひろたろう》博士の仕事である。

そのあと法隆寺に戻り塔頭の修理・営繕を手がけ、昭和四十二年、法輪寺三重塔再建に着手することとなった。明治時代、祖父常吉が解体修理した因縁の寺は、昭和十九年、落雷により焼け落ちていた。

設計者の竹島博士とのあいだで鉄材補強をめぐり最初から意見の対立があり、議論は平行線をたどったまま初重《しょじゅう》の組み上げがはじまった。委員会、寺、設計者、棟梁の四者は歩み寄るとっかかりさえ見つからなかった。

「深い軒を支える斗栱の部材を内側で緊張しトラスとして作用させるよう配慮した。斜材に大きな張力を負担させねばならないが、木構造ではそれができないので必要最小限の鉄材を加えることに踏み切った」（毎日新聞、昭和五十年四月九日夕刊より抜粋）

「ヒノキだけなら千年の生命がある。穴をあけ鉄を通すことによって鉄材のさび朽ちるときヒノキ材全体を取り替えねばならなくなる。だから今、鉄材を使う必要はない。千年のヒノキのいのちを鉄材のいのちと同じように考えるのは間違いである」（毎日新聞、昭和五十年四月十五日夕刊より抜粋）

いずれ解体修理をするときに古代建築技法がわかる大工がいなくなる、だから後世の修理を考え、飛鳥の技法ではなく近代建築技術を取り入れる配慮をしておくべきだと竹島博士は考えた。この意見にも西岡は嚙みついた。自分は大工を信じている。将来、古代建築がわかる人がいなくなるというのは工人をばかにした言い分である。今日の技術が最高だと考えるのは学者の思い上がりであると。

この工事は資金難から初重の組み上げが終わった時点で一時中断し、「まぼろしの塔」に終わるのではと噂された。西岡も工事途中で薬師寺に招聘され、工事が再開してからは弟子の小川三夫《おがわみつお》を代理棟梁に立て、大工を二手に分けて進められた。

西岡は大工にこう述べている。竹島博士と自分には考え方の上で大きな行き違いがある。けれども自分の意見はこの寺のいのちを一年でも長くもたすように考えてのことである。みなは薬師寺で自分のやり方をおぼえてきたのだから、思うようにやってほしい。そしてどうしてもいかんときは自分に言うてくれ。

竹島博士の言わはることもわからんでもないのです。けれども、もし鉄材を入れるんやったら、法隆寺金堂のときのように千三百年たってから入れたらどうでしょうかと。なにも新しい木に穴をあけるようなことはできんと。わたしは飛鳥の工法にこだわってるんやない、聖徳太子ゆかりの寺です、すこしでも木のいのちをもたすことを考えてのことですわ。けどまあ、決着はつきませんでした。で、仕方なしに（委員会の）鈴木嘉吉《すずきかきち》さんを呼んで、その立会いのもとに使わんということに決めまして、ボルトだけつけて、入れておいたことにして、中には（鉄材が）通ってませんにゃ。竹島博士は月一回しか（現場に）来ませんのでわかりませんねん。鉄を入れたあと埋め木しますんで知ってませんねん。飾りでボルトが付いてるというだけで、へっへっへっ。

衝撃の事実が述べられた。棟梁は深く息を吸い込みゆっくりと吐き出すと、やれやれという感じで煙草《たばこ》に火をつけた。覚悟の告白であったにちがいない。その表情は柔和であった。けれども約束の二時間はとっくに過ぎ、額に疲労がにじみ出ていた。

法隆寺宮大工棟梁。いかにも由緒正しい呼称である。しかし昭和の大修理のあと鍋釜の蓋の修理まで手がけている。仕事があれば収入はある。仕事のない日は田畑を耕し山林の手入れをしながら次の仕事を待つ。それが実情である。それでも民家建築に手を染めない。矜持《きょうじ》であろう。寺に仕えることをなによりも優先させたのは、寺を守ってきたのはわれわれである、生半可な気持ちでやってきたのではない——そんな心情があってのことだ。烈々たる気構えである。切ないまでの思慕である。

法輪寺論争では、学者はもてる知識のすべてをつぎ込み、木を思いやる棟梁は筋を通した。両者とも真摯であればあるだけ譲れない一線があった。うらやましい人間関係である。そんな時代が日本にもあったのだ。明治から昭和という時代は富国強兵の時代であり、アジアに兵を進めた帝国主義の時代だったと歴史は総括する。しかし西岡常一《にしおかつねかず》という明治生まれの男をじっくりと追跡してゆくと、男たちは仕事を通して社会への責任を果たす、時代からも己からも逃げなかった時代だったとも総括できるのではないか。そんな気迫、自負心、責任感、矜持《きょうじ》を日本人はどこに忘れてきたのだろう。

法輪寺三重の塔でも薬師寺金堂でもすべてが西岡の思い通りにはならなかった。薬師寺では「法隆寺の鬼がコンクリートを手がける」と大工の不平不満が噴き出したほど。心中おだやかであるはずがなかった。そんな西岡に影のように寄り添ったのが法輪寺再建の寄付集めに奔走した幸田文《こうだあや》（日本芸術院会員。代表作に『流れる』『おとうと』など）だった。学者との壮絶な論戦に疲れた神経に女性特有のやわらかな感性がどれだけ慰めとなったことか。二人の気持ちの通い合いを『幸田文 対話』（岩波書店）から抜粋することをお許しいただきたい。

幸田「いつか、大きな材へ棟梁が墨を引いているときに、切るってどういうことって伺ったらば、いい面を二つ取ることだっておっしゃったわね。素人は役に立てるほうの木だけをいいものとして取って、あと要らないほうのことは考えないと思うけれど、そうじゃなくて、きれいに平らに切るには、片っ方がよけりゃ片っ方も自然にいい面になっている。こうおっしゃった。切るってことは、だから要らないところを取るっていうんじゃなくて、きれいな面が二つできる」

西岡「命を二つに分けてあげる」

幸田「あのときも、棟梁にいわなかったけど、こたえました。あたし亭主捨てて出てきたでしょう。離婚の話をつけに父親が行かなくちゃならない。そのときいわれたのは、おまえの言い分もなるほどと思う、だから離婚もよかろう。だが話合いというものは五分と五分とで押し通そうとすれば互いに傷つく。親が承知の五分だから、話合いの場では四分六になっても、文句はあるまいなって。そしてすらっと話はついたんです。今後おまえが外を歩いていて、もとの人だの親類だのにふと出会うことがあっても、何のいざこざもなくスパッときれいになってる。納っているから安心していいっていわれました。つまりあっちにもこっちにもきれいにしたってことなんです。切るとは、きれいな面を二つ作ることだといわれたときに、ほんとにグサッと刺されて、西岡さんて、なんてぐっとくる人だろうと……。でも、ほんとにそうです。片っ方の面をきれいにすれば片っ方の面も同時にきれいになってまいりますね」

西岡「自然にそうなります」

幸田「そこで伺いたいんですけど、切るっていうのは、二つの命をつくる、命を分けてやると教えて頂きましたが、ノミの彫る、えぐるはどういうことでしょう? これは建築のなかで、欠かせないことでしょ?」

西岡「どうしてもなくちゃなりません。彫るちゅうことは、かわりにまた隣の命をそこへ継ぎ込んでやるちゅうこと、たとえば桁の下に穴を彫るかわりに、柱のほぞを入れてあげる」

幸田「つまり、穴あけるわけでしょう。体に穴あけたりすればたいへん痛いですね、なかなかつらいことされてると思うんですけど」

西岡「つらいですし、それで穴ちゅうものはなるたけ小そう、許される範囲で小そうと考えるわけです」

幸田「そうすると、入れるほぞも細くなるわけですかね」

西岡「そうです。結局あすこは隣の木と隣の木との結合点ですわ。命のつながりの場所ですわ。ところが、入るほうの木はわりあい強いんです。穴の彫られたほうの木は断面をえぐられるんやから、非常に弱くなってる。強いほうをなるたけ細うして、弱いほうをなるたけ小そうする。助け合いするように……」

幸田「細い、小さいということがそこで問題になってくることね」

西岡「その限度がね、これなら地震のときに大丈夫ちゅう限度……」

幸田「そこが組み合わせのところね。でも、あんなにしゃくられちゃっちゃかなわないだろうと見ていたんですけど、新しく隣同士が命をつなぎ合うところ、隣の命もこっちの命もない、相持ちになるわけですか」

西岡「相持ちです。結婚式みたいなもんです（笑）」

幸田　「もう一つ伺いたい。あのね、平らっていうことを大工さんは大事にしているわけでしょう。よくこういうふうにして（カンナの刃を見るときのようなしぐさ）みて、平らということをいってらした。仕事の中にはいろんな平らがあるわけだけど、あれはどういうことなの。平らに切れた木というのはひっつくということを教えてくれたでしょう。そして持ち上げて見せてくれたじゃない？」

西岡　「平らちゅうことは、とにかくねじれが一つもないちゅうことでしょう」

幸田　「あ、ねじれ……、素直……？」

西岡　「木そのものにくせがあっても、工作の方法でもってその面はスタッとしている。そのスタッとしたもの同士を合わせると、空気の入るすきがのうて、片一方持ち上げると片一方が持ち上がる」

幸田　「そうすると平らっていうのは、真空になっちゃうほどまっすぐだっていうこと？」

西岡　「水平ちゅうことと芯を見わけることは、大工の基本です。ほんとうの水平ちゅうものはどんなもんかというと、木を削り合わせてやってみて、ひっつかないとほんとうの水平じゃない」

幸田「ひどくきびしい一線ですね」

西岡「ええそうです」

　男社会で育ちどちらかといえばこわもての棟梁の頬がゆるんでいる。それにしてもこういう角度からの質問ができるというのはさすが幸田露伴の娘である。四歳年上の女人にすっかり気を許している様子が伺えて微笑ましい。

幸田「意外だったのは、完成したときの淋しさです。若い大工さんたちは別れ別れに次の仕事場へ散っていき、でき上った建物だけが残っていて、夕日を浴びていて、寒い風が吹いていて、棟梁と私と二人きりで、畑のあぜに立って塔をみていて、いうにもいえない孤独感がありましたっけね。あのとき棟梁が、だれもほめてくれないから自分でほめるけど、ようでけたわって……。同感でした。あのときの淋しさは忘れられない。できた安堵も喜びもあったけど、でき上がってしまってもう何もすることがなくなったっていうつまらなさ。そしてみんなはチリヂリになるし、塔は塔で自分の運命を歩き始めるし、建てた大工さんたちも施主の坊さんも、雨につけ風につけ、地震火事と、その度に心配する――つまり建てた業《ごう》ともいえるものを背負ったし、あたしはその土地を離れて、もう縁のないものとして消えていく。しかしあんないい淋しさってものは少ないいんじゃないでしょうか」

西岡「そうですな」

幸田「しかも、そのとき棟梁、こういったじゃないの。いくつもいくつもこういう淋しさを味わって棟梁はできていくんで、この淋しさを少ししか知らなければ、それは仕事運にめぐまれない不仕合せな棟梁なんだっておっしゃったわね」

西岡「とにかく物の完成ちゅうことは、非常な喜びであるけれど、そのおんなじだけの量の淋しさがありますね」

幸田「ありますねえ、ほんとうにそう」

夕暮れに寄り添うようにたたずむ二人の姿が目に浮かぶ。指先が触れ合ったかもしれない。寒い風が野面を渡ってきた。葉を落とした梅の古木の梢が痛がっている。それでも「幸田さん、これを羽織りなはれ」と作務衣をそっと肩にかけてあげることのできない人だ。

棟梁、武骨すぎるのじゃありませんか。女人は「あなたと別れてしまうのが淋しい」と胸の内を打ち明けているのに、あなたは仕事を終えた棟梁の淋しさに逃げようとしている。「幸田さん、あなたのおかげでこの塔を完成させることができました。あなたとのご縁はこれで終わるものではありません」となぜ言ってあげなかったのか。そこが棟梁らしいといえばいえるのだが、しかし、塔建設の資金集めに駆け回った無欲の女性への感謝の気持ちで胸が張り裂けそうになったはずだ。

幸田文《こうだあや》というたぐいまれな文筆家と出会い、どれほどささくれていた気持ちがやわらいだか。家父長制度の家に育ち、男たちとの闘いに神経をすりへらしてきた西岡ははじめて女性という存在のやわらかさとありがたさが身に沁みた。肩肘張るのは自分が弱いからだ……。薬師寺復興という大仕事に向かう西岡の内部に女人の温かい息が吹き込まれ、凍った雪が溶けていくようなぬくもりを感じた。

薬師寺への道　一九七〇年五月

薬師寺が差し向けた車の中、西岡は前方をにらみつけ腕組みをしたまま黙考していた。他人からはやや傲慢とも見えるいつもの姿勢を崩そうとしない。橋本長老から呼び出しがかかっていた。用件はわかっている。「おまえさんに総指揮をとってもらいたい」。その返事をしなければならない。

先日、盟友太田博太郎《おおたひろたろう》東大名誉教授から丁寧な手紙が届いていた。……薬師寺復興の儀が動き出すことになった……棟梁はあなた以外に考えられない……その旨橋本長老に伝えておいたので追って連絡がいくはず……あなたが棟梁でないなら自分も伽藍復興委員会を引き受けない……。西岡がもっとも信頼する学者であり戦前の法隆寺昭和の大修理からの戦友である。手紙はお互い薬師寺を最後の仕事にしようとの誘いであり、あなたが棟梁でないなら……のくだりは戦友だからこそ言える脅しでもある。

それにしても管長の本心はどこにあるのか……。

そのころ高田好胤《たかだこういん》管長は時の人であった。タレント坊主と笑いものにする輩もいたぐらいテレビに出ない日はなかった。全国を歩いて辻説法に立ち、小さな集会で写経を訴えるそのひたむきな姿に世間はあきれ、マスコミは半ば揶揄しながら記事にした。百万巻写経。その無謀ともいえる計画には橋本長老ですら「無理をしたらあかん」とブレーキをかけたほど。西岡も本心ではブームの中心で笑顔をふりまく高田管長になじめないものを感じていた。しかし悲願は徐々に人々の心をとらえ、金堂再建に十分な額が預託された。

後日談だが金堂上棟式の日、棟札《むなふだ》をどうするかで高田管長とちょっとした悶着があった。むかしから建物の建設に貢献した人物の名前を札に記し棟《むね》に載せる慣わしがある。管長は「棟梁の名前を」と主張し、棟梁は「管長の名前を」と譲らない。橋本長老の「管長の名前にさせてもらい」の一言で決着したが、無私の心がお互いを立て、譲り合ったのである。この一件以来、それまで「タレント坊主」という世評を鵜呑みにしていた己を恥じ、足を棒のようにして勧進行脚に歩く管長に全幅の信頼を置くようになった。

浄財が集まるとともに計画が具体性を帯びてきた。伽藍復興委員会が組織され、金堂設計図があらためて作製された。西岡は頼まれて西塔模型も作製していたし、模型を元に学者との議論の場にも出席している。棟梁に就任するのは既定の事実のようにみなが思っていたが、実際はひとり蚊帳の外に置かれていた。橋本長老が西岡の心の中を見透かしていたからである。あいつは法隆寺に忠義立てをしよる。頼んだら苦しむだけや。苦しませずに解決するには拉致以外にない、責任はすべてわしがとる……。そんな長老の気持ちを西岡は知る由もなく、悶々と眠れぬ夜を過ごした。

煙草《たばこ》を取り出した。外出するときは必ず三箱の予備を携帯する。それほどの愛煙家である。くわえたまま火をつけようともしない。目がうつろだ。そんな棟梁を横目で見ながら同乗の生駒執事が口を開いた。

「法輪寺さんにはわたしから話をさせてもらいましたから」

煙草を落としそうになり、現実に引き戻された。

「ぼんやりしとったわい」

「どうぞそちらでお使いくださいということでした」

薬師寺から法輪寺へ正式に「棟梁をお借りしたい」との話をつけたということである。法輪寺三重塔再建はこのところ資金の行き詰まりから初層を組み上げたまま中断し、一年が過ぎようとしており、竹島博士との論争も終着点が見えないまま行き詰まっていた。

「再開の目処はなにか言うてましたか」

「幸田さんが頑張っておられて募金運動はだいぶん進んでいると聞いています。けれど、工事再開まではまだちょっと時間が欲しいそうです」

車はちょうどその寺を過ぎようとしていた。門前のつつじの植え込みが五月の日差しを受けて燃えるように輝いていた。

これ以上中断すると正直いって生活に差し障る。自分はさておき弟子も大工もいる。一家の大黒柱である大工にこれ以上、無収入のまま待てとは言えない。だからほんとうは薬師寺を引き受けたい。しかし中断しているとはいえ棟梁として仕事をしてきた寺を蹴り、自分の口から薬師寺に行かせて欲しいとは言えない。明治時代、祖父が解体修理を手がけた因縁もある。落雷で焼け落ちたときも真っ先に駆けつけて消火にあたった。その寺を再建するのは自分以外にない……。

車はくねくねとした細い道を北にたどってゆく。斑鳩《いかるが》から西ノ京へ抜ける近道で地元の人にしかこの里道は知られていない。この季節、畑一面、そら豆がたわわにぶら下がっている。茹《ゆ》でて塩で食べるとこれほどうまいものはない……。

西岡常一《にしおかつねかず》が迷うのは、自分はなによりも法隆寺棟梁であり、そこからすべてを出発させ、すべてを帰結させたいと考えるからである。ほんとうなら「自分は法隆寺の棟梁でっさかい三十年も四十年もかかる仕事を請けるわけにはいかんのです」と言い切りたい。たまたま法輪寺三重塔再建の棟梁をおおせつかっているがそれは法隆寺から出向しているのだと納得している。

もし薬師寺を請ければ……。その問いは太田博太郎から手紙をもらって以降、何回自分に発したことか。五百年に一度といわれる大工事となる。最低でも三十年はつづく。六十二歳、もう法隆寺に戻ることはできない。その寺はふるさとであり、心のよりどころでもあった。自分が今日あるのは法隆寺のおかげである。たとえ営繕の仕事であっても、いや仕事がなくても、まっとうするのが筋ではないのか。しかし現実問題として法隆寺での仕事はとだえていた。昭和の大修理で田畑は売り尽くし、これ以上、無収入に耐えられる蓄えはなかった。便所の床板の張り替えも鍋の蓋の修理もした。あるいはここが引き際かもしれない……。

もし息子がわしの跡を継いでいたなら、法隆寺棟梁をあいつにまかせ、自分は喜んで薬師寺に行けただろう。愚にもつかぬ妄想が浮かび上がったとき、心の奥底で法隆寺を疎んじているのではないかと気づき、これ以上の堂々めぐりはなんの解決にもならないと考え直した。

西岡は周囲の者によく「息子は棟梁になる器ではない。気がやさしすぎる」ともらすが、それは西岡の強がりで、実際は法隆寺の仕事で田畑まで売り尽くし、今日の米代に長靴の行商までした父親を、悲しい思いをして見ていた子供の意思が棟梁を継ぐことをためらわせたのだった。

このところ坐禅の真似事をよくする。無心になれるからだ。自力弁道。他者にすがるのではなく、禅は自分を肯定しどこまでも自身と対座する。悟りなどとは無縁だがたしかに坐禅は気持ちを落ち着かせる。もやもやしていた頭の中に一本の道が見えるときもある。

しかし尊敬する道元師はこう言う。諸々の縁やしがらみを捨て去り、すべての働きを休息せよ。善いこともわるいことも思いめぐらしてはならない。坐禅は思索することでもなく、瞑想することでもない。またそれによって悟りを得ようなどと考えてもいけない……。道元の言葉が身に沁みる。自分は解決策を見つけ出すために坐禅を組んできた。道元はひたすら修行することがすなわち悟りであるとも説いている。目的と手段を二分するな、物事の解決にあたっては、何者かにゆだねるのではなく、自分自身の心と身体で成し遂げよということだ。自分はまだまだだじゃわい……。

大和郡山城跡を過ぎても棟梁の表情にいつもの洒脱さが見受けられない。この風光明媚な城跡の一角にかつて卒業した農学校がある。堀の錦鯉、春の桜、石垣のつた、秋の紅葉。西岡にとって青春の思い出あふれる場所である。

（ひょっとして……）

生駒執事の頭を不吉な妄想がかすめた。

（西岡はんは肺結核の再発を隠しているのではないか……）

そう思うと法輪寺のつつじが吐血のイメージに重なった。事実、十五年前、法隆寺金堂の解体修理では入院せざるをえないほど結核菌が暴れ出している。しかし棟梁は相変わらず前をにらんだまま煙草《たばこ》に火をつけ煙を吐き出した。

（肺の怪しい人間が煙草を吸うわけがない……）

そう生駒執事は自分自身に言い聞かせ、不意に、このことは長老にも管長にも黙っていなければならない、と胸にしまい込んだ。

次の信号を左折する。そこは奈良と大和郡山を結ぶ幹線道路で、それまでの田園地帯とこととなり、一気に排気ガスと騒音のうずまく産業社会に変わる。薬師寺へは十五分ぐらいの距離だ。長老にお会いしたらなんと挨拶すべきなのか、恩ある人と会うときには必ず結論をもって臨む。その西岡がその日に限って煮え切らない。この日、何本目かの煙草に手を出した。

もちろん自分は法隆寺棟梁である。この立場を捨てるのか。三代つづいた棟梁家である。が、息子が継がない以上自分の代でとだえる。遅いか早いかだけなのかもしれない……そう思う自分が情けない。法隆寺を守ってきたのは金のためではなかった。もちろん仕事だからではあるが、それは誇りであり矜持《きょうじ》でもあった。しかし……。

二十九年、昭和の大修理を無事やりおおせ、法隆寺の鬼の名声は全国にとどろき渡った。もてる力を十二分に発揮することができた。しかし二十年間にわたる大修理で心の中でなにかが壊れたような気がしてならない。なぜなのか。ひとりの大工が生涯にできる仕事の量以上をしてしまったからなのか。もうこれ以上の大工冥利に尽きる仕事はない……。法隆寺昭和の大修理をもってこの世で自分の役割が終わったような気がした。まだ六十二歳、もう六十二歳。やりおおせたという充実感と終わってしまったという虚脱感。精根尽き果てた。それに明王院の工事のときの事故に悔いが残る。手伝いの女衆が材木を担ごうとして体勢を崩しかけたとき、思わず助けに行って腰が入ってしまった。さいわい女衆に怪我はなかったが、激痛とともにへたり込んだ。あの日から身体の中心軸がずれてしまったように力が入らなくなった。さらに根気がなくなり集中力がとだえた。

西岡は後部座席で半跏趺坐《はんかふざ》の姿勢をとり観想に入った。

むかしの日光写真のように荒れ寺があぶり出された。薬師寺である。巨軀の老人に手を引かれた少年が東塔を見上げている。西岡の原点である。その寺は荒れ果て、法隆寺から住職を呼ばねばならないほど困窮していた。が、東塔ほど美しい建築はないと思った。祖父は水に写って揺れている姿だと説明してくれた。

耳の後ろが充血し膨らんできた。次の次元に意識が移ると思った瞬間、天に引き上げられた。宇宙の彼方に達するかと思えるほどのものすごいスピードで飛んでゆく。物質が組成する前なのか、粒子らしきものが後方に遠ざかってゆく。すごい重力だ。身体が押し潰されそうになる。息苦しい。手が離れた。祖父さんが遠ざかってゆく。別れとは荒涼たる世界にひとり取り残されることだ。祖父が死に父が死んだ。そして、ああ、少年の自分はあっという間に老人になってゆく……。

ここは水底なのか、宇宙空間なのか、それとも法隆寺金堂の闇のなかなのか。息苦しいが妙に落ち着ける。麝香《じゃこう》に似た香りがする。母の胎内かもしれない。あるいは祖父の膝の上なのだろうか。いま自分はひとつの無辜《むこ》なる魂として宙を旅している。その自分自身がはっきり観える。いまだ。いまならなにかがつかめる……。西岡は車の中で無意識に手を掲げた。宙に浮かぶ真理をつかもうとした。

「薬師寺長老の橋本凝胤《はしもとぎょういん》師は法隆寺の佐伯定胤《さえきじょういん》師の弟子であろう。その人が折り入って話をしたいという。話をしたいという人とは正面から向き合え。橋本凝胤長老から頼まれるということは法隆寺佐伯定胤管長から頼まれるということに等しいぞ」

寂なる地点に到達した。月の砂漠か死海か。鏡のように静謐な世界だ。

「おまえが薬師寺にたてまつるのは仏国を荘厳することにほかならない」

不思議な声が耳をくすぐった。祖父の声のようでもあり月から届く神の声のようでもあった。かつて法隆寺に仕えたように一途に仏に帰依したい。その穢《けが》れのない心でもって仕事をさせてもらいたい。そのとき鏡面が割れた。目を開けると西ノ京の集落に気高い陽の光が差し込み、琵琶や笛をもった音声《おんじょう》菩薩《ぼさつ》が舞い降りてくるのが見えた。西岡が瞑想したのはほんの数分だったが、そのあいだにずいぶん遠くまで旅をしたと思った。深呼吸すると執事に声をかけた。

「生駒はん」

「はい」

「木は日本にはもうありまへんで」

自分でも思いもしない言葉が口をついて出た。

「台湾に行かんとな」

「そう、長老におっしゃってください」

「おいぼれですがよろしゅう頼んます」

集落の屋根の向こうに薬師寺東塔が見えてきた。


社務所の奥に、庭に面した座敷がある。長老や管長が接見する貴賓室である。それにしても不思議な庭だ。ふつう寺の庭は石庭のように深山幽谷をイメージするか、苔だけで無の世界を表すか、あるいは茶室の枯山水のように寂びの極致を形象するか、いずれにせよ眺める者に精神的な負荷をかけてくる。この庭はそんな定石を無視するかのように池の蒲《がま》が勢いよく天に向かって葉を広げている。伸び放題。あるがまま。池そのものが荒々しく放置された穢土《えど》であるかのようだ。仏教は体裁を整えることで小ぎれいになったが小さくなった。この世は涅槃ではない。仏教は思い上がってはいけない。作庭家の哄笑《こうしょう》が聞こえるかのようである。

露の玉が葉の上をころころと転げ落ちた。

鼻毛を抜きながら長老がその小さな動きを見つめている。動きとはすなわち輪廻であり展開である。玉が黄金色に光った。三千世界の実相がころころと転がり、ぱちんとはじけたとき西岡が入ってきた。

「ご無沙汰いたしておりました」

「まあお座り」

「本日は……」

と西岡が言葉を発しようとするのを制し、長老は西岡に向き直って平伏《へいふく》した。

「ツネ、この通りや、頼む。やってくれ」

自分が先に手をついて挨拶しなければならないのに、こともあろうに橋本長老が畳に頭をこすらんばかりに平伏した。

「太田が棟梁はおまえしかおらん言うとる」

すべてはそれで終わった。太刀打ちできる相手ではなかった。人間の大きさがちがっていた。顔を上げると長老の目に涙がにじんでいた。

「法隆寺にはわしが行く。おまえさんはなにも言うな」

西岡は深々と頭を下げた。

「おまえさんが気兼ねのう仕事できるようにするのが年寄りの務めや」

長老は心の底から寺の復興を願っておられる。それに引き替え自分は薬師寺に来る大義名分を望んだ。仏国を荘厳するだと？　無心に木と向き合うことをしない大工がどこにおるか。増長するのもはなはだしい。それは喝采を浴びたいという下衆の心や。虫けらやないか。そんな自分が情けない。

長老さんのお気持ちにむくいることが第一や……。涙がとめどなくあふれ、西岡は男泣きに泣いた。泣きつづけたことでそれまでのもやもやが晴れ、六十二歳の身体に不思議な力が湧いてくるのをおぼえた。この日、西岡常一《にしおかつねかず》は生まれ変わった。

西岡が棟梁におさまったことで寺に何百年ぶりかの賑わいが戻った。参謀本部ともいえる伽藍復興奉行所が建てられ、その横に木工作業所と用材置き場が建てられた。西岡は知り合いの左官屋に西ノ京周辺の粘土サンプルを集めるよう指示し、復興委員会は発掘調査の準備に入った。文化財建造物の復元作業は、発掘調査による遺構分析、古文書や図絵の解読、実存する建物（薬師寺の場合は東塔）の実測調査、設計コンセプトの確立、基本設計図の作製、模型の作製、実施設計図の作製、石高《こくだか》計算と用材調達、といった手順を踏んで進行してゆく。その気の遠くなるような作業の第一歩が歴史に記された。

大岡実博士による金堂基本設計図はできていたものの、それは県庁に保管されていた東塔の図面から推測されたもので、西岡はあらためて東塔を精密に実測し規矩・木割を割り出し、浅野清博士と第一次設計図を引くことになった。さらに屋根の形式、柱間の数、軒の納まり、継ぎ手、仕口の形状など、考えられる限り白鳳様式に近づけた模型を製作し、細部の詰めの議論に入っていくこととなった。昨日までの寂たる荒れ寺は、金堂でも講堂からでもなく、寺の片隅の復興奉行所から力強い作事《さくじ》の音が響きはじめ、若い学僧までが浮き立つような笑顔で境内の修学旅行生に青空説法をはじめた。それは祝言《しゅうげん》を迎える旧家のように賑やかだった。

薬師寺伽藍　一九九一年四月〜七月

四月、冬の寒さがやわらぐのを待ち、われわれは再び薬師寺に通うことになった。金堂が朝の光を受けて金色に輝いていた。

薬師寺復興が本格的に動き出した昭和四十五年は、敗戦から日本が生まれ変わって四半世紀の年である。経済的には奇跡ともいえる復興を果たしたが、日本の基層にはいまだ古い権力と権威がこびりついており、時代は旧秩序の破壊と世代交代を求めていた。造反有理。無党派といわれた学生たちが街頭に飛び出した。

昭和四十四年、安田講堂落城

四十五年、よど号ハイジャック、三島由紀夫自決

四十七年、沖縄祖国復帰、連合赤軍壊滅

四十九年、田中角栄金脈問題露呈

パリ、ロンドン、ロス、若者たちは戦後秩序を敵として同時多発的に立ち上がった。それは閉塞した社会に風穴をあける運動だった。しかしなにかを獲得するというよりも燃え尽きたいという衝動が強く、暴力的言動は市民の共感を呼ばなかった。彼らの運動が夜空に炸裂した花火だとすると、薬師寺復興は人の心に灯をともしながら進められた結縁の運動だった。

西岡棟梁にとって今回の仕事はそれまでの文化財修復とはことなり、昭和の世に白鳳様式の建物を建立するという一世一代の大舞台となった。伽藍を造る。宮大工三代の夢を六十二歳にして実現することとなったのである。

はじめて薬師寺に上がった日のことが忘れられません。橋本凝胤《はしもとぎょういん》長老が泣いて頼まはりましてね、わたしとしてはその気持ちと熱意によう断れませんでした。生半可な気持ちで復興を考えてはるんやないとね。法輪寺のほうは資金的に中断して、材料を寝かせておった状態だったんですけども、ちょうど幸田文《こうだあや》さんなんかの尽力で資金も集まりはじめたころです。金堂の立柱式のあと、法輪寺のほうも工事再開の目処がついたもんですから、こっちの大工も向こうに回して二手に分かれておこなったということです。

金堂で圧倒されるのは屋根の美しさである。天平の甍《いらか》とたたえられる唐招提寺の屋根もたおやかだが、さらにゆるやかなカーブをもち、大棟《おおむね》にはばたくような金色の鴟尾《しび》が載った金堂の屋根はまさしく天の浄土というにふさわしい。いったいいかなる手法で造形されるのか。

近代ではいろいろなやり方が考案されて計算で割り出すことをやってますけれども、本来は糸弛《いとだる》みいうて、糸を張って適当に垂らして、その自然な反りを写してるんです。糸弛みの線を型板に写してそれを下から見上げる、目の高さと建物の関係ですわな。そういうことをくり返して、このカーブがいちばんきれいということで決めていくわけです。そうすることで無理のない自然な反りができるんです。軒の反りも同じこと、古代建築では軒の幅の中心がいちばん低くて隅にいくほどゆっくりと上がっている。その反りと屋根の反りが隅木に集まってきていちばん苦労するわけですけれども、そのカーブは軒反りの（サシガネの）裏目の寸法が隅木の反りに写っていくわけです。屋根の形はいろいろ意見もありましたが、法隆寺を踏襲して入母屋ということで決定しました。

『薬師寺縁起』に金堂の規模が「二重二閣、五間四面、柱高一丈九尺五寸」と記載されていたが、あまりにおおざっぱで構造や様式を決める手がかりにはならない。復興前の建物は江戸初期に建てられたもので創建当時の姿を知るようすがとはならない。ではどういう順序で規矩・木割を割り出していったのか。

まずは発掘調査ですわ。雨落ち溝が出ましたんで、そこに雨が落ちていくわけやから、平面的に初層の軒の出がわかるわけです。それと金堂はご本尊をまつるお堂ですわな、二重二閣で裳階《もこし》が付きますんで、でき上がったときにその下から仏様を入れにゃあなりませんので、それで内法《うちのり》が決定されます。一丈九尺五寸は内陣柱の高さですからそれによって柱の太さを決定して、そして規矩を細かく割っていくわけです。木割は東塔を参考にして考えていきました。

高さは東塔の三重の屋根がございますわな、それと金堂の棟《むね》が並ぶように設計されてあります。塔の屋根よりも上がってしまうと金堂が高すぎて両塔を抜いてしまいますんで、伽藍の均衡上、塔の三重の高さに納めるという考えです。（大岡実博士の）最初の設計ではもっと高かったんです。けれども初層の柱の高さは記録（一丈九尺五寸）を変えるわけにいきませんので、方々の高さをすこしずつ短くした。と、二重二閣がきれいに納まりますにゃ。天の浄土を地上に移すという大きな設計構想は塔の水煙《すいえん》の図を見てわかっておりましたからそのようにしてございます。繊細で壮麗な伽藍ということですな。いずれにせよ文献調査、発掘調査、東塔の実測調査を元に設計図を起こし、細部を修正していきながら最終の形を決めていくわけです。

材料の心配からはじまって木拵《きごしら》えにだんだん移っていきますんですけども、ひょっとしてこれ大きなまちがいをやってるんじゃないかという心配がありましたですな。最後まで付きまといました。完成するまでな。

実施設計図が決まるまで眠れぬ夜の連続だった。夕食後、家族が茶の間でラジオを聞いて団欒しているとき、廊下をへだてた部屋から「うるさい！　消せ！」とどなられたことがあったと奥さんは述懐している。資料とにらみ合う日々がつづいた。薬師寺伽藍復興は棟梁にとって心労を強いられた大仕事だったのである。

今回は十分の一の詳細な模型も作っておりましたんで、それを見ながらいろんな意見も出せたということです。この建物は柱高が高いでっしゃろ。それを虹梁《こうりょう》でつないであるんですが、構造的にゆらゆら揺れてしまう。そこでほんとうは（正面・側面の）全部が連子《れんじ》（窓枠に縦に並べて取り付ける竹や木）窓であってもかまわんのですけれども、隅だけは強度を考えて壁にした。壁ですと揺れたときにぎゅっと締まって揺れを押さえてくれるんです。基壇も建物のいのちということから高くしてあります。ほんとうは高かったんです。いまの伽藍は沈んでるんです。建てるほうからする

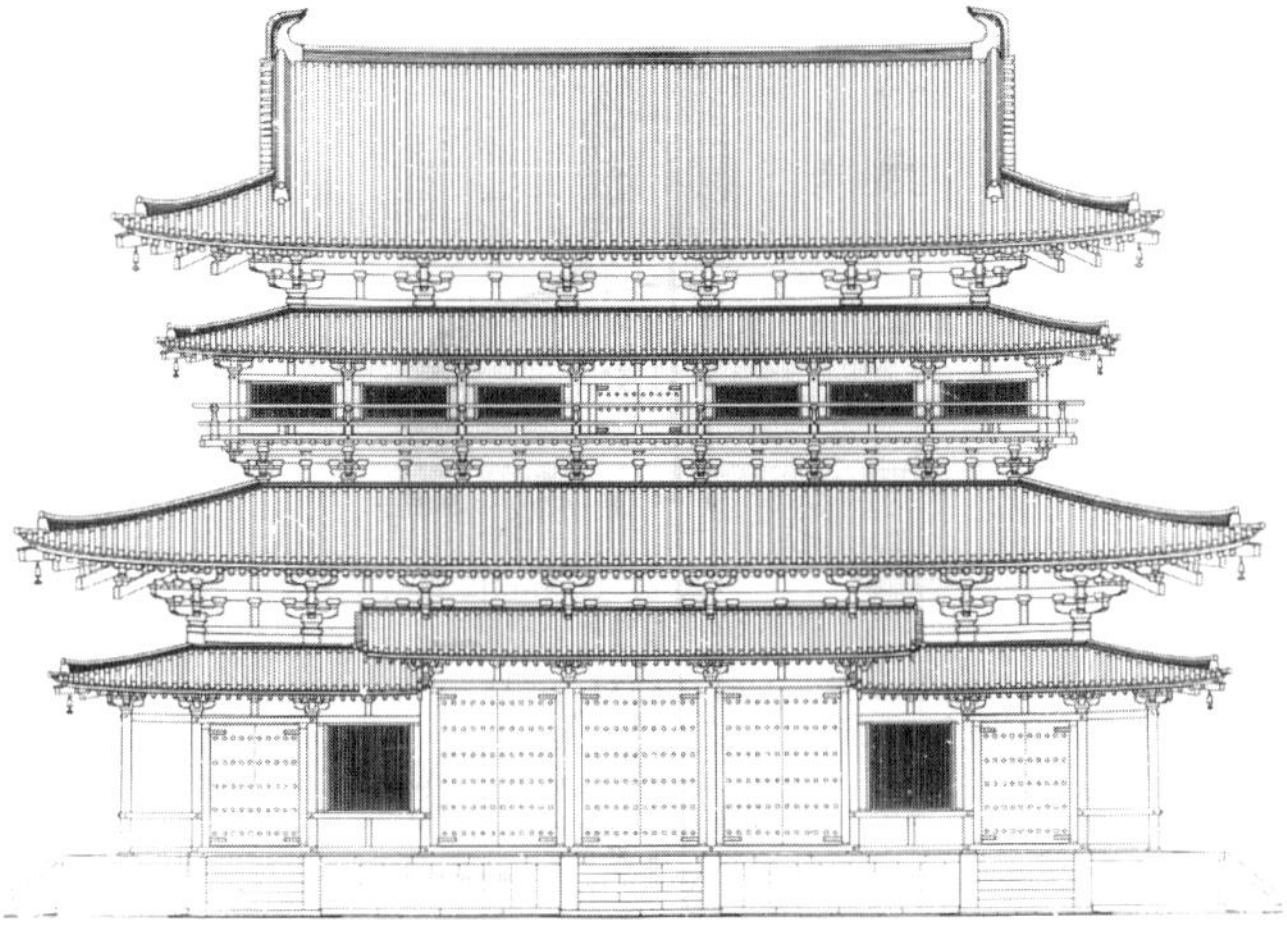

薬師寺金堂立面

薬師寺東塔と金堂の高さ比較（上下二点とも、伽藍復興委員会作製）

と湿気やシロアリなどの点からも高いほうがよろしいです。

金堂復興には全国から三十七名の大工さんが集まった。奈良で大伽藍復興がはじまる――噂は全国津々浦々に飛びかった。これだけ壮大な建造物にたずさわる機会は今後ありえない。宮大工たるもの胸が高鳴ったにちがいない。入門希望者に棟梁はまず「道具を見せろ」と迫る。砥《と》ぎ、目立て、年季の入り方、癖などを見抜くことでその人の実力を判断するのだ。

宮大工ちゅうても地方の小さなお宮を直した程度の人ばっかりで、ヤリガンナ（柄の先に両刃の刃をもつ古代の大工道具）、チョウナの使い方から教えななりませんでしたので、最初の二ヶ月ぐらいは仕事になりませんでした。まあ弟子の小川と（副棟梁の）上原が法輪寺から引き継いでくれてましたので、彼らが先生になって教えてましたけどな。第一は叱らんことです。そしてこっちが率先して見本を見せることです。口だけやのうて手本を見せることで、なるほど棟梁はこうするのか、棟梁ならこれだけの時間で仕上げるのかと、ならば自分も頑張ってやってみようと、まあそこらあたりは職人だけに納得すれば呑み込みも早いですわな。けれども腕が立つと自分では思ってるやっぱっかりでしたから、その分だけ癖が強い。人組には苦労しましたな。工人の気持ちをひとつにまとめ上げるのはたいへんなことです。

昭和四十六年、建設現場に巨大な鉄筋コンクリートボックスが立ち上がった。本尊を納める内陣である。金堂復興工事は防火対策として内陣はコンクリート、建築そのものは白鳳《はくほう》様式の木造――西岡棟梁にとってはじめての困難な試みとなった。

金堂の申請をしましたときに、白鳳様式といえども建物は昭和の建築で国宝ではない、けれども内部は世界的な宝である薬師三尊をまつるんやから耐震耐火のコンクリートにせよ、そして収蔵庫の周辺を木造で包むというやり方でやれということでしたんですが、わたしの意見は反対でしてね、コンクリートは村松貞次郎《むらまつていじろう》さん（建築学者）に聞いたら百年しかもたんと言いますねん。百年しかもたんものを千年もつ木造に使《つこ》うてはあかんやないかと、コンクリートがあかんようになるとき木造もあかんようになるやないか、やめてくれと言うたんですが、そんな勝手なこと言うなら金堂を建てる許可をせんということでしたんで、しゃあないからコンクリートにしたんですが、あまり感心したことではありません。

金堂設計段階で十分の一模型を製作したと先に書いたが、これはすべて木造で造ればこうなるという棟梁なりの試案である。そのために屋根の形式、柱間《はしらま》の数、軒の納まり、継ぎ手、仕口の形状などすべての部材を白鳳様式にのっとって寸分たがわず作り上げた。コンクリート部分は百年で寿命が来る。そのとき修復する大工がこの模型を分解してみればすべてわかるというメッセージでもある。

いずれにせよ現場は混乱を来した。「法隆寺の鬼」がコンクリートの仕事をする。全国から集まった大工さんは失望し、棟梁のいないところで批判が噴き出た。酔った勢いで「あのハゲちゃびんが」とののしる者もいた。木の癖組は工人達の心組。口伝が試される日々がつづいた。

やっかいやったのは木組のときですわ。内陣柱はコンクリートでっしゃろ、けれども前と後ろの柱は木ですわ。前と後ろをつなぐ梁がコンクリートがじゃまになって通せませんねん。本来ならぴ

薬師寺金堂

金堂断面と立面（伽藍復興委員会作製）

金堂の鉄筋コンクリートボックス

137　薬師寺伽藍　1991年4月～7月

しゃっと決まるものが、別々に建てるもんやさかい決まりません。木造ですと梁《はり》をかけるとぺんと決まってしまうんです。そやから毎日毎日、立ち（垂直）を見ながら、コンクリートのところから仮の手を出して決めていかなならんでしたな。木材は日に日に乾燥して収縮していきますし、組んでいくのがたいへんでした。えらいやっかいなことでしたな。

コンクリートは基礎からずっと立ち上がってますんで地震のときにはあんまり動きませんわな。木造は柔構造になってるんでゆらゆら揺れて力が抜けてもつんです。そやからコンクリートはコンクリートでもたす、木造は木造でもたすという考え方でやったんです。その継ぎ手のところが苦労でして、かっちりと止めないで、どう動いても対応できるよう、楕円形の穴をこしらえてつなぐようにしてあります。金物はふつうの鉄に亜鉛メッキしてあります。コンクリートが駄目になったときにはそこをすぽっとはずせば、木造もきれいにはずすことができると。そしてコンクリートを打ち直して外側の木造を組み直すと。そういうふうにしてあります。

文化財保護法は修理に際し所有者に必要事項を指示できるとしている。金堂の建て替えがこの法律に縛られるのだとしたら、木造建築技法もまた伝承されるべき無形文化財として評価されるべきではないのか。もし過去のものとして評価されないのだとしたら、今後、文化庁主導により木造建築は否定され、伝統建築といえどもコンクリートが導入されることになる。また果たして金堂は仏像の収蔵庫かという議論もあろう。仏像を安置する建物ではあるが、同時に、寺の行事を執りおこなう宗教の場であり大衆の祈りの場である。つまり危険と隣り合わせであろうともオープンスペースであることが大事なのであって、収蔵庫に閉じ込めるということになってはならない。さらに過激にいうならば、そもそも仏像は文化財ではなく、また寺院はお役所に管理・指導されるような存在ではないともいえる。

コンクリート工法を取り入れておかんと、二百年後三百年後の修理のときに手が出せなくなってしまう。それでは困るので最先端の考え方を取り入れるんやと役人なんかは言いますが、われわれの仕事はそんなもんやない、それは職人を侮辱した考え方です。職人というのは木の削り跡を見ることで道具のうまい下手まで考えますし、ふぞろいな削り跡から修理の手が何回入ったかも考えます。もちろん釘《くぎ》跡ひとつから元の形を類推するのです。いま知恵を尽くして完璧なものを造っておく

――そういうことが文化なんやないんですか。

百年後また同じことのくり返しでっしゃろ。そやから文化庁のえらいさんがわたしの意見を受け入れて、コンクリートの収蔵庫を作るというような考えをやめてもらわなあきません。同じことを何回も何回もくり返すことになりますわな。まあ何百年後か、失敗やったと考えて、今度はすべてを木造でやるということになればありがたいんですが。

木造建築の内部にコンクリートコアが存在する。それも別個のものとしてではなくお互いに干渉し合い、寄りかかりながら建てられている。だからその接続部に楕円形のボルトを採用して揺れのちがいに対応させる。それは西岡建築論では受け入れがたい考え方ではあるが、見方を変えれば、木造建築に防火という新しい観点が導入された記念碑的な工法だったともいえる。いずれにせよ本尊は国宝だが建物は国宝ではない、だから建物は国宝を守るべきとする役所の主張と棟梁の建築論は相容れない。

しかしさまざまな曲折のすえ、美の極致ともいえる建物がこの世に姿を現した。まさしく天の浄土であった。一四四五年、大風で倒れて以来、五百三十一年ぶりのことであった。西岡棟梁六十八歳の春であった。

金堂の落慶法要のあと西岡棟梁は高田管長に西塔再建の建白書を提出している。まぼろしの塔は一五二八年、戦火で焼失しており、その跡に心礎が残され、発掘遺構は史跡として保存されていた。建白書提出と同時に、自分の給料を半額にしてもらいたいとの申し出もおこなっている。またテレビ出演や講演の謝礼は、自分は寺から給料をもらっているからと、すべて寺に差し出していた。わたしたちも撮影のため大工さんに手間をとらせたことが再三あった。お礼の意味を込め、清酒などを差し入れしたのだが、そのたびに「若い者にお心づかいをいただき恐縮です」と毛筆でしたためた丁寧な礼状をいただいた。西岡棟梁とはそういう律儀すぎる人なのである。

建白書？　ほんとは信徒総代の内川ちゅう人に出したんです。その人が薬師寺に来たときに発表しまして、「棟梁でさえこう言うんやから、衣着てる者はもっと伽藍に力入れんとあかん」そう言わはったらしいんです。管長さんもほんとうは西塔も建てたいけれど、それは次の代でやってもらいたい、そう思うておられたんです。けれども伽藍復興委員会事務局長の安田執事長（現管長）が用材を前もって余分に買《こ》うてくれてはりましたし、すこしお金に余裕があるから木を買っておきましょうかと言うてくれて。で、足りない分は手当てせななりませんので、すぐに台湾に飛んだということです。

材木が入ってきたら管長さんがびっくりして「これどないしなはるのや」と。「なに言うてますねん、こんな立派な伽藍かかえてからに、法隆寺でもいざ地震じゃいざ大風じゃというときのために、すぐ修理できるよう蓄えてますねん」こう言うたわけです。そしたら「ああそうでっか、あんたは長いあいだ立派な伽藍に仕えられてなんでもよう知ってはりまんねんな、どうぞよろしく頼みまっさ」こうですわ。それだまされたと、はっはっはっ。それでまあ進めることになったわけです。

寺院建築のなかでもっともむずかしいのが塔だといわれている。とくに東塔は幼年時代、祖父に手を引かれて見物した憧れの建物でもあった。祖父はその美しさを「水に写って揺れている姿だ」と説明し「よく心に刻んでおけ」と命じた。その塔と同じものをわが手で造れる。もてるものすべてをそそぎ込もう。生涯でもっとも困難な仕事に取り組んだとき六十九歳だった。それも、胃癌で一ヶ月の入院を終えるとただちに復帰した。超人的な精神力というだけでは片付けられない。金堂上棟式以降、高田管長への忠義にも似た信頼感があったのだろう。

昭和の最後のお堂ですがな。その復興事業のトップにおられるお人が、おれが建てたとは一言も言わはらへん。大工さんが建てたんや、棟札《むなふだ》は当然あんたの名前や、と言わはる。みながおれがおれがという時代に自分を捨てておられる。こんな人おられませんで。この人がおられる限り、塔も中門《ちゅうもん》も回廊もできる、あのときわたしはそう確信しましたんや。

ここの場合は東西に塔が並び立つというのが本来の姿です。東塔だけではどうにも納まりがわるい。まあそういうことでどうしても西塔がなければこの伽藍はいかんということですわな。わたしとしては最後のご奉公のつもりでやらせてもらいました。

一九七七（昭和五十二）年、立柱式が執りおこなわれた。お寺関係者や信徒の見守るなか、古式ゆかしい装束に身を固めた棟梁が墨打ちの儀をおこなった。第一心柱（西塔の心柱は四本接がれている）に墨を打つその表情は神妙である。やっとここまでこぎつけた。万感胸に迫るものがあったにちがいない。堂塔の木組は木の癖組、木の癖組は工人達の心組。毎日が心労の連続であった。鉄とコンクリートを排し、木だけで造られた永遠のいのちある建物が完成するまでに四年の年月を要した。

西塔の場合、東塔と大きくちがうのは、舎利孔（釈迦の遺骨である舎利をたてまつる容器）を納めてあることです。内部構造は、東塔は千二百年以上もっている、非常にすぐれた構造やいうことの証拠ですわな、ですから下手な知恵を出さんとそのまま踏襲しています。でもね、ほんとうは東塔よりも創建当時の姿を伝えてるんです。なぜかと言いますと東塔をお手本に復元しましたけれど、東塔は千二百年以上前の建物です、歪んだり傷んだりしたところを、時代ごとに何度も修理されてある。外から見ただけでもわかりますわな、東塔の初重《しょじゅう》の裳階《もこし》は白壁で西塔は連子《れんじ》格子になってますでしょ。ほんとうは連子やったんです。これは室町の修理のときに、連子では弱いもんやから壁で押さえておこうということになった。明治の修理ではそのことに気づかずにそのままになった。

現在の東塔は三重の屋根の勾配がきつくなっている。ということは各層が下がって三重の屋根にしわ寄せがきている。そういうことやと思います。一尺ぐらい勾配がきついんで西塔は塔心自身を一尺高くしておこうと。基壇は一メートル四十ありますが、それは現在の地表からむかしの高さを

西塔（左）、東塔（右）と回廊南翼

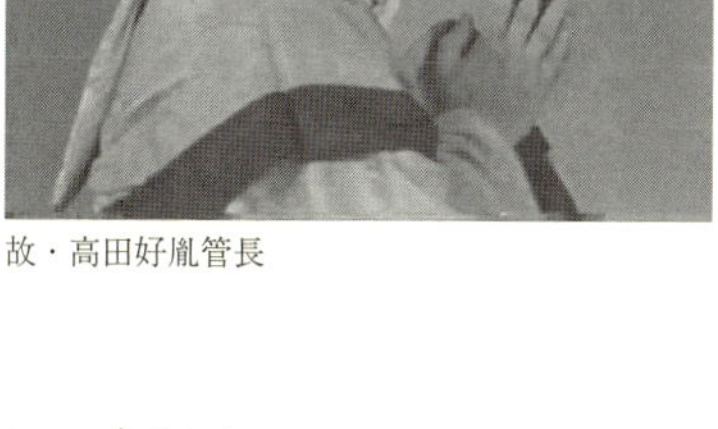

故・高田好胤管長

とったということです。垂木《たるき》の芯は斗栱《ときょう》の芯とかかわりなく、軸部は軸部、軒は軒で考えてます。桁《けた》の二十四尺を二十四支に割り付けると、そういうことです。
西塔は昭和の建築ですがほんとうの白鳳《はくほう》のかたちになっているということです。下から見上げても、東塔は隅が通っておりませんが、西塔はぴしゃっと通っている。元通りに復元してますのでな。

金堂もそうだったが西塔も瓦の下に土を置かず杉皮の土居葺《どいぶ》きに変更している。土の重みで軒が下がらないように、つまり木に大きな負荷をかけないようにとの配慮からだが、むかしの工法を踏襲するだけでなく合理性を追求する姿勢が伺えて興味深い。東塔の屋根替え工事（昭和二十七年）について、棟梁は『蘇る薬師寺西塔』（草思社）で驚くべき発言をしている。

「本式に屋根を葺いたら漏りますねん。それは土というもんがあって、瓦の水分をみな土のほうにひきよせるわけだ。毛細管現象です。並べ瓦やったら土がないから、ここで漏った瓦でも、つぎの瓦が受けとるからタラタラと下に流れ落ちる。外に出てきよるわけです。結局、土があるために悪いわけですわ。そういう意味からも金堂もこの塔も土をのせない流儀でやってますねん。もしも雨が漏っても瓦の裏を水が伝うように、さらにその下に落ちても杉皮に伝うように、土を入れずにからっぽにしておく。土があったらもう土に浸んでしまいますわな。そして瓦のかたちも昔とはちがうということ。昔は上部と下部の円の直径がちがう桶に粘土を巻いて四枚に切って平瓦をつくったんです。型桶の上下の一方の円は小さくて、他方の円は大きいですわな。すると台形にひらいた瓦ができる。そういう瓦で葺いていくと、カーブのきついのが先で、ゆるいのが尻にきますね。重ねて葺くときに先がこの尻のほうにのってくるでしょ。そうすると円の強い先がゆるい上にのって両側がすくわけ。これが非常に大事なんですわ。ところが東塔の瓦は頭と尻とをピシャッと合わせてますのや。わざわざカナヅチで頭を欠いてまでピシャッと合わしてます。そうすると風が通らん。（中略）水ははいってもかまわん。乾いてくれなあかん」

手斧初《ちょうな》め　昭和五十二年十月八日午の刻　秋霜
舎利納入　昭和五十三年五月二十一日夜半　月明
薬師寺西塔立柱式　昭和五十三年十一月八日午の刻　満月
発願　薬師寺一山の大衆

施主 西塔再建写経勧進結縁大衆 西塔再建寄進結縁大衆

発菩提心 荘厳国土

これらは西岡棟梁が丹精込めて書き留めた棟札《むなふだ》である。金堂上棟式の経験が生かされ、施主は薬師寺ではなく写経や寄進をした大衆であると記され、棟梁の名前も管長の名前もない。薬師寺伽藍を復興させたものへの感謝が見事に顕されている。

柱高が高く木割が細い、しかも深い軒の出をもつ塔は薬師寺以降とだえている。西塔の再建はそれほどむずかしい仕事だった。後日、もしものことがあったら自分は腹を切る覚悟だったと述懐している。薬師寺に東西両塔が並び立ったのは四百五十年ぶりのことだった。

立ち上がったものを東塔と較べてみると、全体としていかつい。東塔は感じがやわらかい。どうしてかというと、東塔は大斗《だいと》（柱の上に載る四角形の組物《くみもの》で、その上に肘木が載る）ひとつでも同じ寸法のものは一切ありません。垂木《たるき》も五寸角もあれば四寸五分もある。割り材を使ってますんでね。それでいて全体はきちんと調和がとれてある。ヤリガンナで仕上げるいうても、効率を考えて電気ガンナで均《なら》しておいてからですわな。設計図通りの同じ寸法になってしまう。そやからどうしても全体として硬い感じになってしまう。むかしの工匠にはかなわんということでしょうな。

木割の洗練が問われる数奇屋や民家はでき上がったときがもっとも美しい。しかし社寺は百年たち二百年たって本来の姿に近づいていく。立ち上げるのは人間の知恵と力であろう。が、時間という別のファクターに洗われて社寺建築は完成に近づいてゆく。人智のおよばない神仏の力といってよい。むかしの工匠にはかなわないと棟梁は謙遜するが、いずれ朱色も落ち着く。金具にも緑青《ろくしょう》が出てなじむ。木も風雪に洗われて枯れてくる。かなうなら五百年後の西塔を見てみたい。

薬師寺を引き受けるとき、あれほど悩み苦しんだことが嘘だったかのようにこのころの棟梁は晴れやかだ。七十三歳。主要な二つの堂塔を復興させ、肩の荷が下りたのであろう。自分のこれまでは薬師寺を復興するためにあったとさえもらしている。敬愛する橋本長老は西塔の完成を見ずに入滅している。大きな悲しみであったが、「お薬師さんの引き合わせやと思います」と薬師寺での仕事を感謝している。また第一線を引いて後進に道を譲ろうという気持ちが芽生えてきたことも気持ちのゆとりを生んだのかもしれない。高田管長、青山茂先

出口

薬師寺南大門。並び立つ西塔（左）と東塔（右）

生との鼎談から晴れやかな表情を感じていただきたい（『蘇る薬師寺西塔』草思社から数ヵ所抜粋）。

西岡「壮麗な薬師寺の伽藍の復興ということで、きらきらしい金堂、またきらきらしい西塔ができましたけどね、文学者はどう感じられるか知りませんけれども、われわれ大工の立場からいうて、この東塔ほどのものを、千三百年前の工人が建てた、その技術の面だけからいうても、とてもとてもいまの人はおよばんと思います。そして、金堂を復元し、いまこうして西塔も再建しましたけれども、これは千三百年前の人のまねごとにすぎない。一歩も新しいものに踏み出してない。結局は千三百年前の工人たちの手形をそのとおりに正直に再現した、というだけにとどまりますわ。そういう意味でも、薬師寺伽藍の本当の魂というものは東塔に凝縮されてあって、いまでけた金堂、塔には現代の魂がこもってあるかもしらんけれど、そのなかの根本になるものはやっぱり東塔の魂や。東塔の魂がのりうつってあると、そういうふうに考えます。そういう意味で、なんというてもこの東塔こそが建物として薬師寺の本当の魂のよりどころやと思いますな」

金堂から西塔を見る

手水場から中門を望む

青山　「中門、廻廊ができますと、さらに感じがちがう。感じがちがうけれど、それがやはり本来の薬師寺の伽藍のありようだったんだ、ということですね。だからなるべく早く中門と廻廊を復興して、本来の姿にもどしてほしいと私どもも願うし、棟梁も建築に早くかかりたいと思うことでしょう」

西岡　「はい。命があんまり長うありまへんので（笑）。残り少ないですさかいな」

高田　「初めは私は師匠孝行のつもりで、それならと住職を引き受け、金堂復興の決意をきめたのです。（中略）金堂を建てるということは、申しわけないけれども、いうなれば師匠の執念をみのらせたい、それが私にできるせめてもの師匠へのご恩返し。やっぱり私にとっては親孝行の気持ち、恩愛の絆から出たものでしたねぇ。（中略）そやけれども、そういう師匠とかおやじとかいうようなことは、金堂を建てる途中からは、大義親を滅しました。私と師匠との私情で考えるのは建ててくださるみなさん方に申しわけがないという気がしてね。だから、あのお堂は私が建てたというようなことを人にいわれても、実際に建てたのは西岡さんやし、橋本凝胤さんの金堂再建ということへの執念、そしてお写経をしてくださったみんなのお心のあらわれなんです」

西岡「うん。そういうとこにほれこんでしまいましたなぁ（笑）。初めはきらいやったのに」

高田「おおきに（笑）」

西岡「私、いっつも思うてますねん。法隆寺の大工として昭和の大修理の二十年間というのはまあ苦労しましたわ。一所懸命に勉強して、夜も寝んとやってきました。ところが、もう法隆寺の仕事はしまいでんが。それをこの高田というアホなお方がおられて（笑）、金堂も建て、西の塔も建てるという。こんなアホなことしはるさかいに、ちょうどまたアホを引っぱってもろて、アホの天井のところへ上げてもろうたわけですさかい、このうえであぐらをかいて座ってるということはもったいないないと思うてね」

桜が散り終わり、匂い立つ若葉の季節になった。薬師寺に通いはじめて一年がたつ。回廊は北翼が講堂とつながることで完成するが、まず中門《ちゅうもん》とつながる南翼が建てられ、次に東西翼とつながると、講堂が復元され、そののち回廊とつながる。それまで十数年かかると棟梁は言うが、いま回廊第一期工事の木拵《きごしら》えが急ピッチで進められている。

金堂の再建では記録（『薬師寺縁起』）に残されていた初層の柱高寸法を手がかりにすることができた。規矩・木割は東塔の実測調査から類推することができた。西塔も中門もしかりである。では地下に埋もれてしまっていた回廊はいかなる手順で当初の姿を類推するのか。

まずは発掘調査が基本です。発掘跡を丹念に見てゆくとグリ石や溝の跡から基壇（雨水をふせぎ建物を立派に見せるための基礎）の規模が平面的にわかる。それと構造的には薬師寺の回廊は複廊であると記録に残されてある。法隆寺は単廊でひとつしか通るところはありませんが、ここは真ん中を連子《れんじ》で区切ってあって外側と内側を通ることができると。そんなことが発掘調査をして実際に証明されてゆくわけです。回廊の高さは、中門とか大講堂に取り付きますんで、中門の下に入り込む高さでなきゃいかんと、大講堂のほうは裳階《もこし》がありますんでその下に入り込まねばならんという制約があっておのずと決まってくる。屋根の長さは、基壇の外へ雨を落とさなあきませんので、雨跡からおのずと決まってくるわけです。

薬師寺伽藍ちゅうのは回廊でぐるっと囲まれてある。回廊が伽藍の規模を決めるとともに、内から見るとそれがあることによって伽藍全体が引き締まって見える。いまは原っぱみたいなもんですが、回廊ができるとぐっと印象がちがってくるでしょうな。第一期工事は中門とつながる南翼で桁行《けたゆき》九十九・二一四メートルになります。梁間《はりま》はちょうど二十唐尺やから五・九四メートル、高さは地面から六・二九メートル。使用用材は二千百四石。で、第一期が終わると東西翼に入って、最後に大講堂とつながる北翼ということになります。第三期までの合計では講堂を除いて回廊だけで六千石以上の大工事ということになります。用材はおおまかに手当てしてあります、はい。

高さや幅は発掘調査から類推することができた。では構造や様式はなにを手がかりとするのか。新しく伽藍を造営するといえども基本は復元である。創建当時の寺の姿に戻すということが第一の目標である。

薬師寺回廊は複廊式であるということは資料にありましたし、発掘跡から柱の下の礎石の位置だけはわかりました。けれどもそれから上の組み方はどこにも出てきません。しかしまあ白鳳《はくほう》であればこうであろうと推定で復元し、太田先生の了承を得て決まりました。やはり東塔の木割を踏襲するということです。軒は地垂木《じだるき》の上に木負《きおい》が、飛えん垂木の上に茅負《かやおい》が載り、合わせて二軒《ふたのき》構造。棟《むね》は中央の棟とともに左右の天井にも棟が付き、三つ棟となっています。白鳳、天平の様式です。

十年後、回廊は講堂とつながる。一五二八年に焼失した講堂は一八四八年新しく造営されたもので、創建当時の姿は留めていない。講堂は学僧への講義がおこなわれる場であるとともに、衆生に仏の教えを説く建物である。仏教のルネッサンスを目指す薬師寺にとって、その復興は最終ではないにしろ大きな目標といえる。

この仕事は復元ちゅうのが最大の目標でっさかい、まあ講堂は江戸の建築であって裳階《もこし》も付いてない、白鳳の姿にせにゃならんということですけれども、軒の出も東塔と較べるとすくないし、屋根も急勾配ですわな。それは地垂木《じだるき》ちゅうて下のほうの垂木《たるき》が短《みじこ》うて、飛えん垂木は長いんですけども、両方寄せると短い。軒の出は古代建築ほど長いんです。新しい建築は短いですわな。

それとね、桁《けた》を見てください、柱の一間一間で切れてまっしゃろ、構造上の大きな欠陥です。古代建築では二間、三間と通さんと使いません。しかも下の台輪《だいわ》と同じところに継ぎ手が来てある。

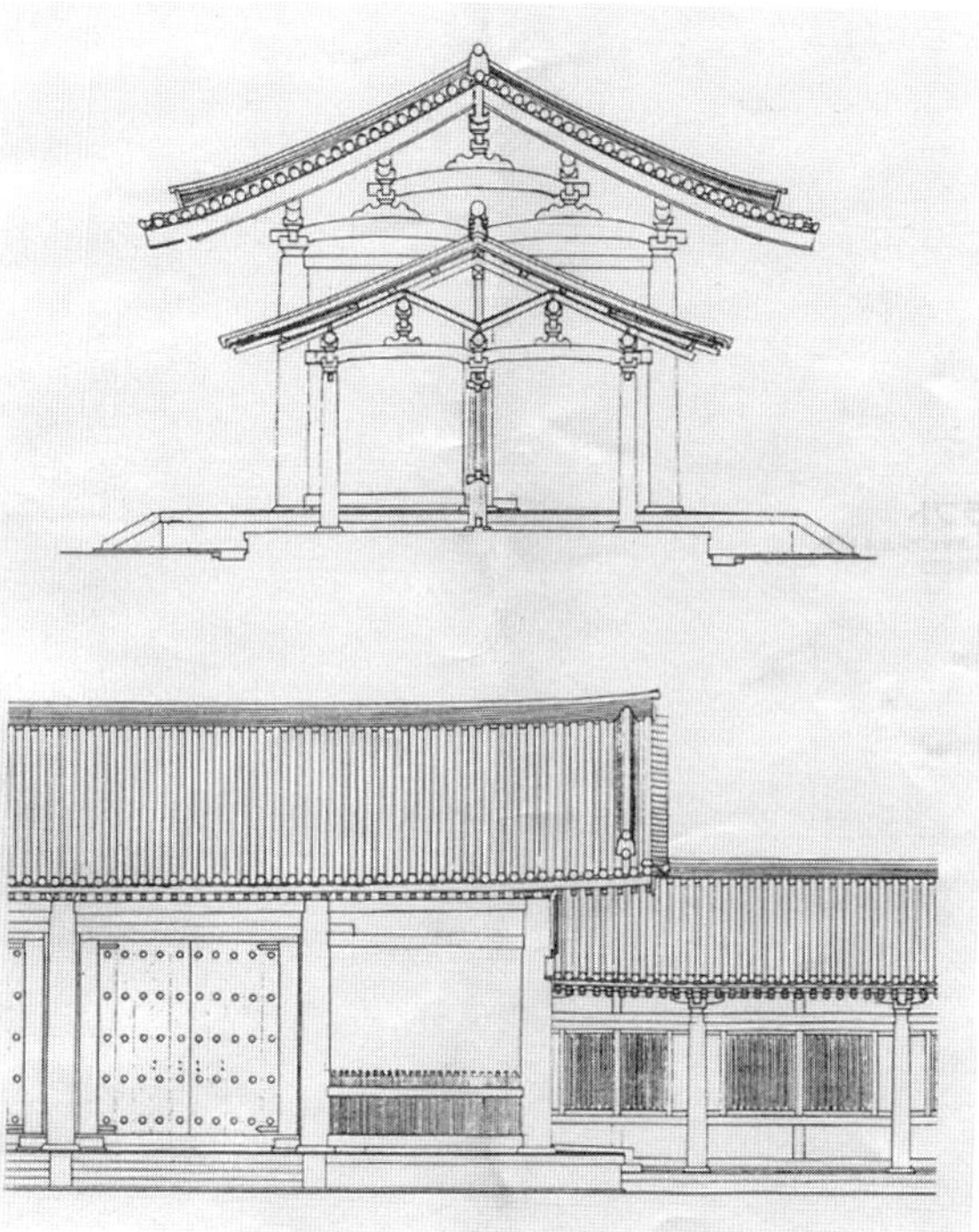

上:回廊断面、下:回廊立面（上下二点とも、伽藍復興委員会作製）

古代建築はそんなことしません。桁の継ぎ手が来るところは必ず台輪は通ってある、互いちがいに組んであります。そうせんと地震のときに倒れてしまいます。

内部は、中央の須彌壇《しゅみだん》には三十尺の縮帳（刺繍でこしらえられた仏の像）がかけられてあると記録にありますねん。そやから柱の高さが三十尺なければならんのに、これでは天井が低すぎて間に合いませんので、高《たこ》うせんといかんということです。それと柱が細い。白鳳はもっと太うなければならん。木割が細すぎる。

ずっと柱の上のほうを見ていってください。まず台輪《だいわ》があってその上に大斗《だいと》が載ってある。そして肘木《ひじき》が組まれてあるんですけれども、笹刳《ささぐ》りがありませんし舌《ぜつ》もありません。それと斗栱《ときょう》全体の背がひじょうに低い。

天井を見てみると、ここのは組子格天井《くみこごう》になってますけれど、ああいうのは室町以降に入ってきますねん、飛鳥、白鳳にはああいうものがなくて、格《ごう》がなくて大きな組子になってますわ。

まあね、復元するとなると、そやな、金堂で三千五百石ですわ。平面でいえば金堂が百二十坪でこっちが百四十六坪、けれども金堂は二重二閣でこっちは一重でっさかい、うーん、三千五百から六百石ぐらいとちがいますかな。

現在の薬師寺講堂と回廊

再建前の講堂

再建前の講堂の桁と斗栱

再建前の講堂の天井

工学の人だけに数字に強い。過去に手がけた建物は隅々の部材にいたるまで寸法が頭に整理され、問うとすらすらと出てくる。

講堂にしても、棟梁の頭の中では全体の姿も、細部の様式も、木の組み方も、具体的な用材計画もでき上がっている。講堂が完成し回廊とつながるのに十数年かかると棟梁は計算している。昭和四十五年に本格的にはじまった白鳳伽藍復興工事の一応の完成は平成にもち越されることとなった。

境内では今日も修学旅行生に若い僧侶が青空説法をおこなっている。初々しくすがすがしい。人々に働きかけ、この世の苦しみを解き流し、彼岸への道筋を説く。衆生の悩みを共有しようとする若い僧侶を見ていると、まるで寺運復興のさわやかな風が吹くようで心地よい。つまり薬師寺復興とは、寺が現世に新たな使命を担おうという仏教のルネッサンス運動なのだと読み解くことができる。その意味でも講堂が復元され、回廊で囲まれた本来の姿に復興されることを願わずにはいられない。いまも写経に通う善男善女はあとを絶たない。それは祈りであるとともに寺への共感でもあろう。

木工作業所　一九九〇年十月〜十一月

うららかな晩秋のある日、鉢巻と作務衣の棟梁がトコトコと木工作業所へ急ぐ。腰のあたりに組まれた手には設計ノートと曲尺《かねじゃく》が握られている。雪駄履きのいつもの見慣れたいかにも棟梁らしい格好だ。枯れてはいるが男の色香がただよう。おしゃれである。梅雨時は紗《しゃ》、夏は透き目の絽《ろ》、秋は枯葉色の木綿、冬は厚手の刺し子と作務衣が替わる。逆光のやわらかな日差しのなか、棟梁が木工作業所に入ってきたことがわかると大工さんたちに緊張が走り、空気が一瞬にして張り詰める。

ヤリガンナで桁《けた》の表面を削り取る作業をつづける若い大工に近づき、じっと刃先を凝視する。

「なかなかうまいやんか。向こうへ押しても同じように切れるようになったらたいしたもんやで。腕にあんまり力入れんようにな。臍に力入れて、腹に力入れて、そう、そういうこっちゃ。うん、あのな、もうちょっと（刃先を）斜めにしたほうがええ。そうそう、そしたらキリキリと（削り屑が）まくるやろ。そのほうが逆目《さかめ》が起こりにくい」

棟梁の一言一言に若者は素直に反応する。削りながら聞いていた若者はアドバイスが長くなると直立不動の姿勢をとり、やがて作業に戻る。まるで魔術にかかったように無駄な力が抜け、刃先が安定し、削り屑が宙に舞う。隣の大工さんにも声をかける。

「どや、その木は硬かろう」

「はい」

「木が若いな。若いわい」

何気ない一言が四苦八苦している大工さんの気持ちをほぐす。手に触れたわけではない。じっとにらんだだけ。それでもこの人には木の硬さや樹齢までわかってしまう。ここでは年配の大工さんは「棟梁」と敬意を表し、若い大工さんは「おやじさん」と慕う。なにせ八十二歳、雲の上の人である。ふだん、接することのすくない彼らには棟梁が見ていてくれるだけでうれしいし、その一言は大きな励みとなる。

「ちょっとそのノミ止めてみ。穴彫《ほ》るときにはノミ立てをして、墨（線）を一分ぐらい残してな、そして前を彫らんと手前ばっかり彫っていくねん。そしてある程度彫れたら前からダーンダーンと叩き落とせ。それにはそんな幅の広いノミではあかん。五分ノミか六分ノミでやれ。そうせんと早いこと彫れん。幅の広いノミ（を使うの）は建具屋の仕事や。大工は幅の狭いノミで彫る。それは早く彫るということや。わかったな」

ラグビー選手のような若い衆は汗もふかずに首を垂れ、棟梁の胸のあたりを見て「はい、はい」とうなずくばかりだ。「わし、おまえの親父よう知っとる。元気にしてるか」と気持ちをほぐす一言も付け加える。心憎いばかりの気づかいである。厳父にして慈父。人の心をぐいとワシづかみにする。

宮大工とふつうの大工とのちがい……うーん、そうですな、仕事という面ではたいして変わりませんが、お宮さんとかお寺を造るわけですから心構えが大切ですわな。わたしどもの口伝に、神道を知らず仏法を知らずに神社や伽藍を口にしてはわるいちゅうことがありますねん。そやからお坊さんみたいに専門家にならんでええから、詳しいことはわからんでも、仏法はこういうもんや、神道はこういうもんやと概念的につかんでおかなあきませんわな。心構えが大切です。それとわれわれの仕事は労働やないということ。

いまの人は先に金勘定するところがあります。あそこに行ったら二万円くれる、ここは一万八千円、ならば二万円のほうに行こうと、こうなりますけれども、そうやなしにほんとうに仕事に打ち込んでやれと。まあ、ヨキ使ったりチョウナ使ったりカンナ使ったりしますけれども、道具はモノではないと、自分の肉体の先端やと考えて、砥《と》ぐのも魂込めにゃなりませんし、使うときもその覚悟で、自分の魂を木に打ち込むというつもりでやってもらいたい。職人の魂を木に打ち込むちゅうことですわな。

仏教の言葉に薫習《くんじゅう》がある。香炉の近くを通っただけで身に香の匂いが沁み込むという意味だ。人間（とくに若者）は無意識のうちにめぐり合いを求める。そばにいるだけでその人の人格に触れ、心安らぎ、影響を受ける――その人こそめぐり合いたかった人なのだろう。大工さんだけでなく会ったことのある人は誰もが棟梁が発する薫りに触れ、幸せを感じる。まさに薫習の人であろう。

ちょっとサシガネの話をしましょうか。長い手を縦にしたとき、妻手が右になると表、左になると裏。現代の尺度はこれですが、飛鳥時代は高麗尺、朝鮮の尺度なんですが、白鳳《はくほう》に入ると唐尺、西安から入ってきた尺度が使われます。むかしからいろいろ尺度はあるんですけれども、京都には天狗尺、滋賀県には念仏尺というのがありまして、すこしずつみな違《ちご》うたんですが、念仏尺に統一されてこの尺度が決まったわけです。表は一尺六寸五分、裏は一尺四寸一分。裏目というのは一尺角のルートの寸法です。法隆寺金堂は妻（側面）が表目に対し、平（正面）は裏目（一・四一四二倍）になってまして、短くもなく長くもなく、まことにかっこうのいい形になってます。それともうひとつ裏に細かいセンチ目のようなものがあるんですが、これはセンチではなく、これでもって直径を測ると円周がちゃんとわかる、そういう尺度です。ちゃんと計算できてあるんです。

そして長手のほうに表目で一尺二寸というのが刻んであるんですが、これです、財、病、離、義、官、劫《ごう》、害、吉、それぞれに意味がある。財の寸法であてて作っておくと財がたまる、病だと病気になる、義の寸法で作ると忠臣が出たり孝臣が出たりする。各々の寸法には善し悪しが決まってまして、仏さんとか刀はみなこの寸法で作られてます。大刀は二尺四寸が正尺、これは官の寸法。小刀は一寸八分、これは義の寸法にあたります。腹を切る刀は九寸五分、これは害の寸法です。これぐらいのことは大工さんはみな知っとらんとあかんわな。

それと使い方ですが、たとえば屋根の勾配を決めるのに、短いほうで五寸をとる、そして長いほうで一尺をとる、そしてこれをこうかたむけると五寸勾配、六寸やと六寸勾配、そういうふうになるわけです。まあ、そこでも墨付けしてますが、このサシガネがなければできない。いまごろは電子そろばんもあるしいろいろありますが、むかしはこのサシガネひとつでやったもんです。どんな積算もこれひとつでできる。まあ、この短いものでお堂はできませんので、これを継ぎ足して間竿《けんざお》というのを作ります。それは武士の槍に相当し、このサシガネは刀に相当すると言われたもんです。大事なもんです。これがなければ宮大工は務まりません。

お茶をぐいと飲み干すと、目線を大工さんに移す。サシガネを大きな用材にあて、じっと目を近づけ、やおら墨を引く。中堅の大工さんだが動きに迷いがある。棟梁がゆっくりと近寄ってゆく。

「隅木の墨掛けができたらたいしたもんや。（木肌をいとおしむように撫で、全体に目を光らせる）木余りはもうとらんとな、なるたけケツ残しとくほうがええ。そして（現場で）野地するときに邪魔になったら削ったらええねん。残しとくほうがええ」

型板の通り寸分たがわず墨を入れるなというアドバイスであろう。正確さよりも現場の勝手を優先しろともとれる。融通無碍。組み上げの際の各部材の取り合いをイメージしろということなのかもしれない。深刻だった大工さんの表情がやわらいだ。

ここで使われている木はすべて台湾檜《ひのき》である。台湾で八角に製材され運ばれてきた材木は用材置き場で寝かされ、乾燥がいきわたったあと、木工作業所に運ばれ、各部材に仕上げられる。

予算の関係と工期の関係で電気工具は使います。けれども仕上げは全部ヤリガンナでやってます。電気ガンナちゅうのはほんとうに切れるんやなしに刃の回転でもってちぎってるという感じなもんで、仕上がった面がひじょうに粗い。ケバ立ってある。そこに雨があたるとすぐにカビが生えて、

西岡棟梁

ヤリガンナ作業

木工作業所

耐用年数が短くなる。それで仕上げはすべてヤリガンナでやると。そういう方針でやってます。

回廊柱材の加工工程をつぶさに見ることができた。八角の用材はチョウナで六十二角まではつられ、角が電気ガンナでならされたあと、ヤリガンナで仕上げられる。

圧巻はチョウナ作業だ。柱材に打たれた墨をほんのすこし残しながら、一気にはつり取ってゆく。ターンターンターン。後ろ向きである。いわば丸太の上を目隠しして後ずさるようなものだ。右足をすこしもち上げたところに刃が正確に打ち下ろされてゆく。ひとつ狂えば足が飛ぶ。集中力、正確さ、スピード。名人技というほかない。

むかしはいまみたいに靴なんか履いてませんねん。草鞋《わらじ》ですわ。草鞋やと足落とすことがあっても刃を傷めませんやろ。はっはっはっ。むかしは足切って一人前になると言われたもんです。若い者は恐いもんやさかい、どうしても足元から遠いところに振り下ろします。それでは切れません。むかしは一振り八寸があたりまえでしたけど、いまは二寸か三寸しかはつれてません。三分の一ですわな。

なんで手仕事の道具を使うかって？　材料が一律やないからです。わたしらが扱ってるのは一本一本癖のある木ですわな。コンピュータやと一律に答えを出してくれますけれども、この木はこういう癖があるからこう削らんとあかん、ここにもっていかんとあかんという答えは出してくれません。長年つちかってきた経験と勘がなければ大工は務まらんということです。本を読んでもわからん。学校で教えられるもんやない。手間と時間をかけておぼえる以外にないんです。一人前の大工になるのに早道はないということです。

ヤリガンナ作業。削るたびごとにそれまで隠れていた硬質な檜《ひのき》の肌がむき出されていく。ほんのりと赤味を帯びた色っぽい肌で、電気ガンナとのちがいをまざまざと確認できた。この古代の大工道具は一度とだえていたが、西岡棟梁が復元したことでよみがえった。

柱表面の荒削りのあと、粽《ちまき》と呼ばれる頂部の加工に入る。曲線もやはりヤリガンナで削りとってゆく。最後に頭貫《かしらぬき》（柱上部に入る横材）を受ける仕口が作られる。側部は幅広のツキノミで繊維を横方向に切り落とし、受け部は細いノミで繊維を縦に切り落としてゆく。ズズズー。一気である。ここでは髪の毛を刃にあて、ふっーと息を吹きかけるとバラバラに切れてしまうぐらい砥《と》ぎ澄まされた道具しか使うことを許されていない。

法隆寺昭和の大修理のとき、せめて飛鳥建築の仕上げだけはヤリガンナでやってもらいたい、そういう文部省建造物課の希望がありましてね、けれどもヤリガンナは室町からこっち見てませんので実物がありませんでしょ。で、いろいろ、方々からの出土品を参考にして作ってみたんですが、どうしても切れませんにゃなあ。播州《ばんしゅう》の三木でこしらえてもらいましたが、鋼が硬いのに切れない。それでひょっとしたら飛鳥の釘《くぎ》を鍛造《たんぞう》し直したらどうかと思い付きまして、まあボロボロの釘を集めて、堺の刀鍛冶の水野という人に頼みましたら、二、三丁こしらえてくれまして、それでもってはじめて削れるようになりましたんですわ。やっぱり鉄も、溶鉱炉で高熱処理したもんは駄目やというこってすな。日本刀のように、水減りいうそうですけど、一貫目の鉄を四百匁《もんめ》になるぐらいまで鍛《きた》えに鍛えた鉄やないとあかんということです。

ヤリガンナが室町時代にとだえたことと規矩術の発展とは、深いかかわりがあると棟梁は考えている。道具の発達と衰退はすなわち建築技法の変遷によるという考えであり、設計技法とも深くかかわっていると指摘する。

台鉋《だいがんな》のはじめは百済鉋《くだらかんな》やと言われてまっさかい、おそらく朝鮮から入ってきたんやと思います。そのとき同時に大鋸《おが》も入ってきた。室町のころやと思います。大鋸《おが》は上下二人で挽《ひ》く大きなノコギリですけれども、それまでの打ち割り製材法を一変させたと考えられます。ヨキやクサビで割っていくんやなしに大鋸で挽いて製材するように変わった。飛鳥の建築はみな割り材を使ってます。ところが大鋸《おが》が登場し台鉋《だいがんな》が登場すると、割り材を使っていたときよりも木割が細くなり、社寺建築はより洗練されてゆくことになりますわな、きれいに仕上がりまっさかい。結果としてヤリガンナは使われなくなる。そして江戸時代には規矩術というものができて、図面通りにやれば誰がやっても一律に同じものができてしまう。大工さんは便利になったでしょうけれども、一方で木の癖で組むということが忘れられて寸法で組む、つまりは木のいのちはないがしろにされるということですわ。感心しませんな。

大工さんたちは手仕事の道具を使って木に働きかけ、対話しながら、それぞれの木がもつ癖や強さを読み取ってゆく。そのために非能率的とも思われる手仕事の道具を使う。そしてその癖や強さを組み合わせて堂や塔を組み上げてゆく。木組は木の癖組。鉄やコンクリートのように一律の素材を使い、設計図通りに効率的に仕上げてゆく近代建築の対極に西岡建築論はある。つまり木割が細く繊細さを追求してきた木造建築の歴史とは相容れない位置に西岡建築論は存在する。

社寺建築に鉄やコンクリートを使ってなぜいけないのかという意見がある。もっともであろう。しかし社寺建築は木を素材として千四百年以上の歴史をもつ。自然の細長い素材を四つに割って柱材とし、薄く挽《ひ》いて板とした。素材に制約があるからだ。逆にいえば制約が様式と技術を育んできた。石窟寺院のように削り、彫りながら空間を造ってゆくのなら理解できるが、なぜ自由に造形できるコンクリートで柱や板を作る必要があるのだろう。新しい素材が新しい様式を生み出さないとしたら、それは建築家の怠慢だと言わざるをえない。

法隆寺西里　一九九三年十二月

冬の冷え込みがゆるみ、ご自宅の土塀がぽかぽかと温かそうな陽だまりをつくっていた。寒椿が揺れ、山茶花《さざんか》が開いていた。この日、棟梁の機嫌がすこぶるよかった。入退院をくり返し、大量の薬を服用し食事制限が課せられた毎日にうんざりしていたなか、久しぶりの取材が気分転換になったのかもしれない。機材を運び込み、ライトをつけると、作務衣に着替えていた棟梁はすたすたと座敷机に向かった。

この日は大工道具の歴史とともに使い方の極意を伺うつもりでいた。まず棟梁がこれまで使ってきた三百丁の大工道具を見せていただいた。ひとつひとつが丁寧に油紙で包まれ道具箱に保管されている。開くと二十年間使ってなかった道具類がギラギラとした光沢をもって迫ってくる。どれもが重量感と力感にあふれ、いますぐにでも使ってくれと訴えているようだ。

仏教建築が日本に入ってきて法隆寺なんかが建てられた時代に、大工道具の基本のかたちは完成していたと考えてよろしいんやないかと思います。時代が新しくなると道具の数も増えていくんですけども、だいたい室町以前はここにあるヨキ、チョウナ、ヤリガンナ、ノミ、ノコギリ、サシガネ、墨壺ぐらいで堂塔を造ったもんです。

このヤリガンナ、ほれ、押しただけで（机にぐいと押しあてる）こんなにしなりますわな。ひじょうにねばい。法隆寺の古釘《くぎ》を鍛《きた》えて作ったもんです。ほんとうは古い釘があったら欲しいんですが、わたしらにはなかなか手に入りません。刀鍛冶が高い金でみな買《こ》うていきますんでな。わたしらのは使う道具ですけど、向こうさんはそやない、それ自体が作品やから高《たこ》う買《こ》うても元とれまっさかい（間がある）。こいつは砥《と》ぎがむずかしいんです。カンナやノミですと刃をもたんで砥げますけれど、これは両刃でしかも刃をもって砥がんとあきませんのでな。砥ぎは右手でもっても左手でもっても、押しても引いても砥げんといけませんので、最初のうちは指をよう切りますわな。何回も何回も怪我してコツをおぼえていくんです。

このヨキ（手にとって）に刻まれた四本の筋目、これは四大《しだい》ちゅうて地球を構成する地・水・火・風を表してます。ちゃんと理由があるのです。裏の三本はミキちゅうてお神酒《みき》のことです。伐採するときにこれを木に立てかけてお神酒の代わりにするわけです。木一本切るのもむかしの人は自然に感謝して切ったもんです。

（ビデオを見ながら）いま削ってるのは桁《けた》にする木なんですけども、製材でスッーとやると早いんですけれども、大きなものをもって行かにゃならんので、すこしばかりのものはヨキで落とす。

むかしは製材といえばクサビとかヨキを使ってたんです。そうすると繊維が切れませんでしょ。木の繊維がずっと通っていたわけです。それで古代の建築はいのちが長い。耐用年数が長いということです。ノコギリで切りますと木が曲がっていてもすっと切ってしまうので、どうしても繊維が切れてしまいます。それで耐用年数が短いですわな。むかしはみな割ってたんです。歪んで割れるものは使わんということですさかい。

この日は現場から若い大工さんに来てもらっていた。棟梁の機嫌がよかったのは寒さがゆるんだせいばかりでなく、久しぶりに病院の薬臭い匂いから逃れ、現場の匂いを感じることができたからかもしれない。大工さんにとって棟梁とじかに話ができる機会はそれほど多くない。前もって聞きたい事柄を整理してもらっておいた。

「(ヨキによる製材作業のビデオを見ながら) チョウナですと左右に墨 (で引かれた線) がありますけれど、ヨキの場合は上と下にあって、上の墨は見えますけど下の墨は見えないわけですよね。その辺どう加減していいのか、どうしても取りすぎるのが恐いものですから墨からようけ残しすぎ

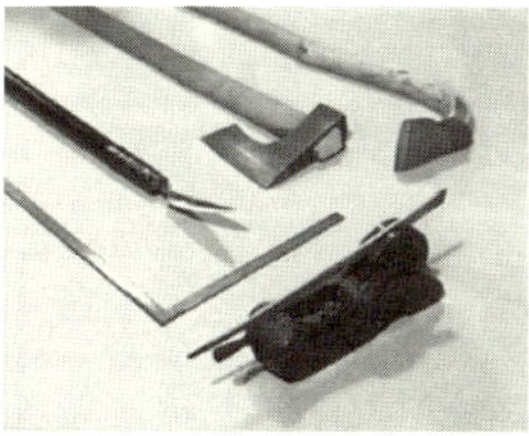

左からサシガネ、ヤリガンナ、ヨキ、チョウナ、手前に墨壺

チョウナを説明する棟梁

二つ裏のノミ

カンナについて質問する若い大工

押さえ刃のついたカンナ

て、結局、あとでしんどい目せんならんという……」

「そらやっぱり経験でな、下の墨が心の中にぴしゃっと描けるようになるまで、くり返し練習せんとあかんな。むかしはな、墨なんかせんと丸太をことんことんとひっくり返して、ヨキではつっただけで四寸角ができてん。それはまあ杣《そま》専門の人やけどな。いまの人は電動工具があるからヨキが下手になってしもうたわな」

「ヨキの場合、逆目《さかめ》が入ると大きいですもんね」

「しっかり木の目を見きわめんとあかんな」

「木の目が回ってますから、ある程度、身体の向きを変えんとあかんわけですよね」

「そやな、みぎひだり、両手勝手で使えんとあかんちゅうことやな。節の近いところでは（目が）こうなるけど、下は逆に回るやろ。そやから木の目に合わせて身体の向きを変えてやらなあかん。それと両手どっちでも使えんとあかんな」


掌《たなごころ》を指すように教える。久しぶりに現場の人間と話ができ、大工魂がむっくりと立ち上がってきたのかもしれない。われわれに対しても気をつかってくれる。

これはどっちも古い型のチョウナですけれど、首の長いほうは荒削り、短いほうは仕上げに使います。首の長いのやとあんまり力入れんでも、ドーンドーンと削れていきまっさかい荒削りに向いている。


「棟梁、ちょっとお尋ねしたいんですが」

「ああ」

「砥《と》ぎの角度によって木に打ち下ろしたときの入り方がちがうんですけど、ぼくなんかタッパがあるもんですから、売ってる柄はみな短いんです。そういう場合、（砥ぎの）角度で調整しようとしたら、どうすればいいんでしょうか」

「背の高さは百人百様やからなあ。まあ、自分でいちばん使いやすいように砥いでみて、いちばんええと思う角度を決めて、それでこなしてしまわんとしゃあないわ」

「使ってみていつも思うのは柄のしなりというんですか……」

「しなりはなかったらあかん。それにはなるたけ細い柄を使うこっちゃ。（刃の袋部に）差し込んだときに、木の皮が残るぐらいの加減やな。（柄に使う）槐《えんじゅ》ちゅう木はなんぼ細ても、ねばってくれて、折れるちゅうことないさかいな」

「木口《こぐち》をはつったりするときもやっぱり砥《と》ぎの角度を変えんといかんのですか」

「そや。粽《ちまき》（柱頂部の丸みを帯びた部分）を削るときは粽の角度に合わす。相手の角度に合わせて砥がんと、まっすぐに砥いだもんでは粽なんかできへん。ヤリガンナもいっしょや。大斗《だいと》なんかを削るときはその刳《く》り面に合わせて、道具のほうを変えていくんや。砥ぎと刃の角度をな」

（カメラに目線を直して）結局、われわれの仕事は砥《と》ぎということに尽きるんです。わたしはお祖父さんから砥ぎを教わりましたが、こう砥ぎなさいと教えられたことは一度もないんです。道具をぽんと渡されて、このように砥いでみよと言うだけでね。まあ、とっとことっとこ砥いでもなかなか渡された道具のように切れませんさかい、ここまで砥いだんですが切れませんと言うと、これ以上砥げんというところまで砥いでみよと、そういうふうに仕込まれてきましたので、いまの若い人にもそう教えることにしています。魂をもって砥ぎなさいと。そういうことですな。

わたしが道具を使わんようになったんは砥ぎができんようになったからです。六十五歳ぐらいが限度ですかな。老眼鏡かけてもあきません。使わんようになったんやなしに、使えんようになった。

情けない話や。

棟梁の道具箱で驚かされるのはノミの種類と数の多さだ。叩きノミや突きノミだけでそれぞれ四十丁ぐらい、いずれも手の脂で握りの部分が黒ずみ、刃は丁寧に砥がれギラギラと光を放っている。本物がもつ重量感に圧倒される思いだ。

ノミにもいろいろ種類がありますが、この柄のないのがイチョウバいうて飛鳥型のノミ。このツバノミはむかしはドリルなんかないもんでっさかい、これを打ち込んで、抜き上げて、そこへ和釘《わくぎ》を打つと。いわばキリの役目をします。（小指の爪ほどの刃のノミをもち上げて）これなんかこんなに鋼がちびてますわな。古いノミはこんなになるまで砥いでもまだ切れるんです。

「突きノミでもこれなんかシノギになっていて、たしかに角がきちんと取れるんですけど、逆に角を傷つけてしまうことがありまして……」

「そういうときは刃の角をちょっと下ろしたらええねん。仕上げてからな、しゅっしゅっと砥石に載せてとっとけば角が入らんわ」

「裏なんですけど、これなんか二つになってますけど、どういう意味があるんですか」

「そらやっぱり（刃が）入り込まんようにや」

「多いほうが入り込まないんですか」

「うん。そやけど裏をしっかり端のほうへ押しとけば、そんなもんいらんこっちゃけどな。トワタリをしっかり作っておけばいらんわけや。そんなんいまになって三つ裏とか二つ裏とかできてきたけど、むかしはそんなんなかったからな。むかしはみなベタ裏になるまで下ろして使ったもんや」


近世に入って城や城下町の建設が増えるにともない、道具需要が増加し、各地に道具産地が誕生した。宮大工、屋大工、船大工、指物師など大工仕事の分化にともない道具類も多様に発展していった。

この大きなノコは飛鳥型のノコで、江戸目と茨目《ばらめ》がひとつのノコに合体していて、押しても挽《ひ》いても切れる（ノコは刃の先端にナゲシというナイフのような刃面をもつことで切れる。茨目の先端に上目をもつのが江戸目である）。茨目というのは柱などの大きな木の木口《こぐち》を切るときに使います。ノコの柄はむかしから桐がええ言いますけれど、ちゃんと理由があって、熱くならない。手が焼けませんのや。

「あのう、ぼくがまったくといっていいほどできへんのが目立てなんですけど」

「むずかしいわい」

「どうも自分の癖やと思うんですけど、挽いたときに右に右に曲がっていくんです。そういう場合はどうしたらいいんですか」

「人にはそれぞれ手の癖があるやろ。自分の癖は自分がいちばん知ってるんやから、目立て屋に出して一律に均《なら》してもらうようじゃあかん。癖に合わせて自分で目立てできんとあかんぞ」

「はい」

「右に曲がる癖のある人は右の目を低くしたらええねん。ノコは目の高いほうへ高いほうへ曲がっていくからな」

「わかりました」

三十二歳。伸び盛りの青年である。押し出され、叩きつけられても、がむしゃらに向かってゆく。土俵のぶつかり稽古を見ているようで気持ちがよい。

このカンナ、お祖父さんの代から三代使ってますのや。この台もう飴色になってますわな。台合わせして均《なら》らしているうちにこんな（三センチほど）に減ってきて、それでもカネの性がよっぽどええんです、まだまだよく切れまっさかい。むかしは山をもっていまして、そこにある樫《かし》を正月に伐採して、五年でも十年でもカマドの上へ煙をかけて置いときますねん。煙かけとくと虫が付きませんから。

雑木林から木を切り出し、優秀な鍛冶屋が鍛《きた》えた刃を購入し、それを使い勝手がよいように砥《と》ぎ、道具に仕立て、代々、使い込んでゆく。日本にもそんな時代があったということだ。しかしそんな時代は終わろうとしている。大工道具も一品生産から大量生産に変わり、使い捨てられ買い換えられる時代となった。

「今日、いろんなカンナ屑もってこさせてもらったんですけど、なかなかこういう（薄く削れている）ものが出ないんですが」

「うん、ええなあ」

「やっぱり砥《と》ぎですか」

「砥ぎを十二分にするということ。それと台をぴたっと水平に均《なら》すちゅうことやな。これなんか（ごつい削り屑）は刃が出すぎや」

「ごつい屑だとくるくる巻いてしまうんですが、それは刃の出が問題なんですか」

「出が大きいちゅうことや」

「押さえ（押さえ刃といわれる裏金）の調整なんかは」

「うん、それもある。調整がわるいと、たとえば節があると、そこで刃の先がビビりよるやろ。引っかかってもうていかへん。そやから押さえを十二分に出しとかんとあかんな」

「それは刃の際に近いほどええというわけですか」

「そやな」

「カンナの幅より広い板なんか削る場合、刃をまっすぐに砥いどくと、角が立ったりするんですけど」

「うん、立つな」

「そういう場合は」

「角をくるっと砥《と》いどくこっちゃ。丸ういよりも、ちょっとな」

「合わせ砥《とぎ》で……」

「うん」

「台を彫るときですね、むずかしいなと思うのは、ここから折れ曲がったところの……、いちばんに彫るのは、棟梁は刃口から彫っていかれるんですか」

「うん、まず裏から（刃口のところを）彫っていく」

「この刃口に向かう角度ですね、これは立つよりも……」

「寝たほうがええ」

「寝すぎると今度はカンナ屑が出てこないですよね」

「うん、寝すぎたらカンナ屑出てこんし、寝足らなんだら逆目《さかめ》が止まらんようになる」

「やっぱり最初は寝すぎにしといて調子を見ながら……」

「そやな。寝すぎにしといて調子を見ながら押さえをはめてみて、その調子で押さえに合わせていくと……」

「一枚カンナですとそれはもう刃と並ぶわけですよね」

「そうや」

「ということはこの木っ端返しがこっちに向いているんで、削ったカンナ屑がこっちに起きてこないという」

「そういうことやな」

「そしたら二枚カンナのときでも、カンナ屑が出る程度で、できるだけこっちへ彫っとくほうがええということですか」

「そや、できるだけ寝かして彫っとくほうがええ」

「最終的には仕上げには二枚カンナと一枚とでは」

「一枚のほうがええな」


「ちょっと」「くるっと」「できるだけ」。道具を扱う大工でなければとうてい理解できない語彙である。感覚を言葉に置き換えるというもどかしい作業を若者のために引き受けている。

「棟梁、質問があるんですけど」

「うん」

「この前、桁《けた》を作らせてもらったんですけど、木拵《きごしら》えでいくらまともに作っても、そのあとで材料が狂う場合がありますよね。反るとか垂れるとかならなんとか納められるんですが、横ぶれしてしまったら、垂木《たるき》に対して高くあたったりなんかしますので」

「そういうことあるわな」

「そういうとき棟梁はどう対処していかれますか」

「外側へ外側へ曲がるように納めたらええ」

「それはどういう……」

「屋根の荷重がかかると内側へ押し込みよるやん」

「はい」

「軒先の荷重は中へ押し込むようにかかるがな。そやから桁《けた》の場合は外側へ曲がるように納めるんや」

「わかりました」

仏教で師から弟子へ最高の法を授ける儀式を灌頂《かんじょう》という。この日、まさしく師から弟子へ大切な事柄が伝授されていた。若者の実家は工務店だ。その跡取りが棟梁を頼って自炊しながら修業している。苦労の甲斐あって一対一の講義を受けることができた。授かったのは大工の奥義にちがいない。頬を紅潮させ神妙にうけたまわる姿がすがすがしい。取材のあと若者は棟梁のお古のニッカボッカ（作業ズボン）をプレゼントされた。「えっ！　いただいていいんですか」。舞い上がっている。これには後日談があり、結婚が決まって二人がお互いの荷物をアパートにもち寄った。その場で奥さんは「こんな古いもん捨てようね」とビニール袋にしまい込んだらしい。「おまえ、これ誰からもらったか知ってるんか」。危機一髪間に合ったという。

木工作業所　一九九一年九月

回廊の木拵《きごしら》えも終盤に差しかかった。柱や桁《けた》など大きな部材はすでに現場に搬入され、木工作業所では斗《ます》や蛙股《かえるまた》などの小さな部材の作り出しに大工さんたちは汗を流す毎日がつづいていた。昼休み、棟梁が大工詰め所にふらりと現れると、それまで楽しげに見ていたテレビが一瞬のうちに消され、なにごとが起きたのか緊張が走る。若い大工が「温かいお茶がよろしいですか、冷たいのがよろしいですか」とお伺いを立て、副棟梁の部屋で図面をにらんでいた上原さんも小走りでやってきた。棟梁は一言「まあ、ゆっくり休んでいや」。全員ガクッ。昼休みが終わるのを待って取材がはじまった。

今日はちょっと適材適所ということをお話ししましょうかな。『日本書紀』に檜《ひのき》は瑞宮《みずのみや》に使え、杉と樟《くすのき》は舟に、槙《まき》は棺《ひつぎ》に使えと書いてある。むかしの日本人はそういうふうに木の使い方をちゃんと知っておったということです。木に対する感覚が鋭かった、よう理解していたということです。むかしもいまも社寺建築では檜《ひのき》が主ですけれども瓦の載る野地には杉を使います。民家ではこれを梁《はり》とか小屋材に使いますが、(社寺では)梁や桁《けた》にあんまり使わんのはやっぱり弱いからです。もし構造材に使うとしても柱ぐらいですかな。縦には強いんでね。民家では力のかかるところには松のほうがよろしい。

ヒバと檜《ひのき》は性質がよく似ている。きれいな木目をもつけれども、ちょっと泥臭い。臭いがきつい。ところが水に強いんです。浴室なんかはむかしは蒸し風呂でしたですわ、そやからみんなヒバですな。ここの金堂でも茅負《かやおい》なんかの雨のかかるところはヒバを使《つこ》うてます。

欅《けやき》はそうですな、民家の大黒柱、それから書院の床の間の地板なんかに使います。欅は伐採した直後は檜より強いんですけれども、二百年三百年たつとぐっと力が弱くなる。檜は五百年たっても千年たってもそれほど衰えません。ですから社寺のような大きな建物は檜ということです。


檜《ひのき》の清冽な匂いがただよい、コンコンと木を刻む音が聞こえてくる。職人が技の限りを尽くして木に立ち向かう。時間がゆったりと流れ、荒れた気配がなくおだやかで長閑でさえある。棟梁の語り口もあくまでゆったりとしている。


(サンプルの板を見せて)これは杉。吉野産。樹齢七十年ぐらいやな。なんで産地がわかるかって?

吉野は木目が紅い。宇陀は黒い。秋田杉も黒いほうです。この系統でいちばん上等は春日杉。これが入り皮。皮を巻きつけて内部にはさまれておる。腐りの原因になります。（裏を見せて）これがヤニ壺。杉の皮にはヤニが含まれておって、それがシロアリの原因になる。

これも吉野やけどアテの部分ですわ。アテは斜面に生える木の根元の部分。発芽するときは斜面に直角に生えてきますけれども、木はまっすぐに伸びようとしますので、曲がったところから上に伸びていく。大きな幹を支える曲がった部分、それがアテです。硬くて力が強いんですけれども、反り返ったりねじ返ったりしますんで用材としては使えません。現にほれ、こんなにそっくり返ってますわな。

これも吉野。（樹齢は）二百年ぐらいはおまっしゃろ。これだけの吉野杉はなかなかおまへん。吉野は造林しますので（枝を払ったあと）切り跡から水が入って腐ります。死に節です。抜けてしまいます。こっちは生き節。削るとピカピカする本来の節です。生き節のあるものは耐用年数が長い。腐りにくいので（民家では）土台なんかに使えばよろしい。

この人は板切れ一枚手にしただけで材質はもちろん樹齢から産地まで言いあてる。骨董の世界に鑑定家という人がいる。ほとんどまちがいなく時代や作家を言いあてるのだが、鑑定家とは別に、目利きといわれる人もいる。真贋だけでなく価値そのものを見出す人のことだ。西岡棟梁は板切れ一枚を見ただけで山の環境、土質、管理状況まで頭の中で描くことができる。鑑定家でありながら目利きでもある。

木曾には（良質の檜《ひのき》が）まだすこしは残っていますけれど、それもあっちの山越えて一本、こっちの谷越えて一本ちゅう具合で、そして一本の古木を切り出すために林道をひらいて、周りの木もぜんぶ取り除かにゃなりませんわな。とてもヘリで吊り上げられる重量やありませんのでね。それでも（樹齢）五百年ぐらいのもんでっしゃろ、とてもこれだけの堂塔を造るのに間に合いませんわ。吉野もいまでは檜よりも杉が多い。林業が外材に押されて力を入れんようになったんでしょう、間伐せんと植えたままほったらかしにしてある。利潤追求ちゅう濁流でもって堤が削られていくちゅうことですわな。濁流が元の清水に戻ったときは堤を保ってた杭が現れてくるちゅう感じがします。いま緑や緑やいうてやかましいですけども、ベランダの緑なんかどうでもよろしい。山は母のふところです。ふところがなくなったら人間生きていけません。日本人はもっと自然に感謝する気持ちをもたなあかんのとちがいますやろか。林野庁の役人さん方にも考えてもらわなあきません。

檜を育てる人には補助をするぐらいのことはやってもらいたいですな。

コンコンコンコン。ツツツー。大工さんたちの表情はみな満たされている。その行為は大工たるものの本分なのかもしれない。人の上に立つ年齢になっても、木工一筋、刻みにいのちを懸ける人もいる。ひたむきになにかを作り出す。道具が身体の一部となり、自我が遠のき時間を忘れる。ただひたむきに……。

上原副棟梁の蛙股《かえるまた》の作り出しを取材できた。柱上部に頭貫《かしらぬき》が通され、一本一本の柱は手をつなぐ格好となり列としてつながる。その柱を前後につなぐのが虹梁《こうりょう》で、逆W型をした蛙股はその上に載り、桁《けた》からの荷重を虹梁を通して柱に振り分ける働きをする。虹のようにむくった虹梁の背の曲線に合わせて蛙股の腹の曲線を作り出さねばならない。いうならば半球状の上に載るわけで、その密着部分の削り出しは大工の腕の見せどころとなる。上原副棟梁にその極意を聞いた。

「これは虹梁《こうりょう》の背の部分の曲線に合わせた内刳《うちぐ》り型という型板です。これを使ってあたりを取りながら蛙股の腹の曲線を作り出します。この作業はチョウナではつったあと、ふつうの（平刃の）ヤリガンナではなく、刃にカーブをもつ蛤刃《はまぐりば》のヤリガンナで荒刳《あらぐ》りしてゆきます。次に虹梁の背との仕合わせ口の作り出しに入ります。最後にチョークを使い虹梁の背と蛙股の腹のヒカリツケをおこないます」

クチヒカリ道具で曲線を写し、曲線の刃をもつ豆カンナで内側を刳《く》ってゆく。手前に挽いたり向こうに押したりしながら、魔法のようにカーブを作り出す。手順はチョウナ、ヤリガンナ、豆カンナの順である。段取り八分。道具は常に手の届く範囲に置かれる。それを、見ないで次から次に取り替え、はつり、削り、切り取ってゆく。ここでは道具のひとつひとつが、作り出す部材の形状に合わせて作り変えられる。副棟梁のヤリガンナも虹梁《こうりょう》のカーブに合わせ、あらかじめ刃先が砥《と》ぎ出されている。

「ヒカリツケはこのように蛙股の腹に虹梁に塗り付けたチョークをこすり付けてゆきます。高い部分にチョークが写されますのでそこを豆カンナで均《なら》し、何度もくり返して沈めてゆきながら、なじみを取ってゆきます。チョークが全体に付くようくり返すことで、全体でしっかりと荷重を受けるようになるわけです」

数週間前のこと、虹梁の型板が完成したとき委員会による検分があった。「ちょっともち上げてくれますか？　下から仰ぎたいから」「なかなか線が美しいじゃないか」「もうすこし上にむくっていてもいいのか」など議論が出たさなか、棟梁はぷいと座をはずすと外に出てしまい、型板をもち上げたまま副棟梁の顔が青ざめた。煙草《たばこ》に火をつけると棟梁はにやっと笑ってわたしの顔を見た。木組は納まるようにしか納まりませんのや――八十二歳の顔がいたずらっ子のようにほころんだ。それは木を知り抜いた棟梁の自負なのか、委員会への牽制球なのかそのときはわからなかった。いま思うにそれは戦友ともいえる仲間への棟梁なりのねぎらいであり無骨なメッセージだったのだ。

棟梁はチョウナで頭貫《かしらぬき》をはつっている若い大工さんに近づくと、じっと見つめ、かたわらの作業台に腰掛け、二人を手招いた。高校を出てまだ三年ぐらいの新人だ。

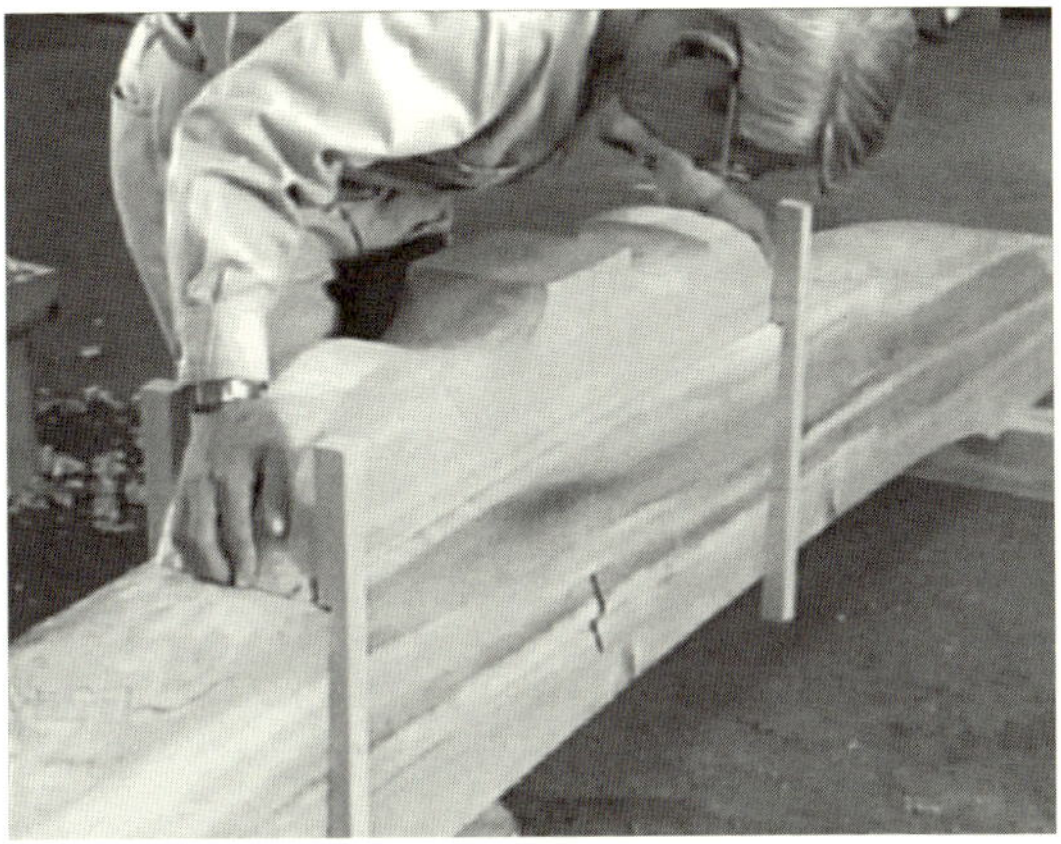

蛙股の製作

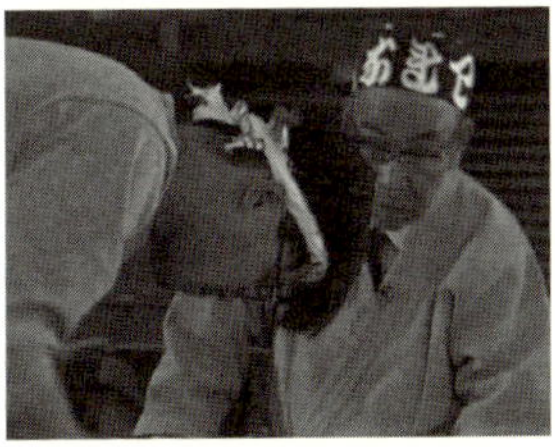

チョウナの使い方を指導する棟梁

柄の曲がったところをもって、刃を上にして柄の先が脇の下に入るか。おお、おまえのはそれでええ。なんでやいうと、長すぎると（柄を）もったとき自由が利かんにゃ。あっち回したりこっち回したりせんならんやろ。自由が利かん。おまえのは長すぎる。もう一握り短こうしとけ。ヤリガンナも同じこと。長い柄（の道具）は立派に見えるかもしらんけど、それは阿呆のするこっちゃ。人それぞれ体格がちがうやろ。自分の体格に合わせて柄の長さを決めとかんとあかんのや。道具は飾りやないんやから、用を足さんとほんまもんやないんや。わかったな。それとおまえの柄は刃が軽いわりに太い。もっと細いほうがしなってええ。細いのに替えとけ。

言葉のひとつひとつが具体的で実践的だ。笑みをたたえながら教えているのに若者たちはしゃちこばっている。彼らには棟梁の一言が宝物なのだろう。チョウナを返されたとき、必ず両手で受け取り一歩下がって黙礼する。よく西岡棟梁は「大工修業は高校を出てからでは遅すぎる」という。「余分な知恵がつくと早くおぼえようとする、身体に沁み込む前にごまかすことを考えてしまいまっさかい」。技術の習得に早道はない——西岡棟梁の持論である。

次は砥《と》ぎ方や。（刃の裏を見て）こっちはすとーんとまっすぐに砥いで、表はちょっと反らして砥ぐんやで。そうすると隅が（材木に）入らんのやな。砥ぎの角度も自分でいちばん使いやすいようにこなしていかんとあかん。ノミもそうやけど、木口《こぐち》はつったりするときは砥ぎの角度を変えんとあかん。部材によって一回一回、変えていかんとあかんのや。

次に新人に声をかけた。カンナをもつ腰がまだ定まらない。隣で作業するベテランの技を盗む余裕がない。板に正対し横向きにカンナを挽《ひ》く。

おい、横向きに挽いたらあかん！　足が動いとらん。もうしまいや思うて横向くな。

純朴そうな若者は照れ笑いを浮かべながら再び挑戦する。その仕草にヒヤリとさせられた。できなくてあたりまえの新人が照れ笑いをする。それは自分をごまかしていることになる。ごまかしを極度に嫌う棟梁に一喝されるかと思ったが、棟梁は何気ないふうにやり過ごした。

おまえ、息止めてるか。カンナ引っかけてからしまいまで息止めとかなあかんにゃで。途中でふっと息したらそこでカンナ屑切れるんや。結局、腕で削ったらあかんのや。臍に力入れて腹で削るんや。むかしの名人はな、羅宇《らお》いうて煙管《きせる》あるやろ、それでカンナを引っかけてすうーっと引っ張ったもんや。そしたらカンナ屑がふわぁーと（身振り手振りをまじえて）舞い上がる、そこまでいかんと名人のうちに入らんわな。先輩のよう見んとあかん。腕は軽う台に置いてるだけやろ。身体まっすぐにしてツゥーと走る。そうせんとあかん。

棟梁はこの日ことのほか機嫌がよかった。ふだん、聞きに来る者には教えるが、敬して遠ざかる者には口をきかない。そんな日本一の大棟梁が孫よりも歳の離れたヒヨコに気さくに声をかける……。そのときはカメラへのサービスぐらいに考えていたが、いま思うにひとりひとりの若者におみやげを渡していたのではないか。もっというなら別れの挨拶をしていたのではなかったか。身を退く。口に出して言えないその言葉を態度で表していた——そのように思えて仕方がない。

ちょっとカンナ見せてみい。（カンナ裏に板をあてがうとくるくると回す）これ、ほら、回るやろ。この隅と（対角線の）ここが高いからや。これではあかん。カンナちゅうもんは下に置いたらぴたっとくっついて離れんぐらい水平やないとあかん。ゴトゴトしとるようではあかんのや。先輩に聞いて台から作り直せ。

懇切丁寧なアドバイスである。ありがたい別れの挨拶である。棟梁の眼がさっきの若者を追っている。「まあ十年かかるやろうけどな」と笑いながらじっと見つづけている。引退。つらい覚悟だったにちがいない。

作業所の片隅に薄暗い砥《と》ぎ場がある。砥ぎは時間外の仕事である。朝早い人は七時ごろから砥ぎ場に入るし、夕食はまかないがつくが、それを遅らせて八時ごろまで砥ぐ人もいる。それぞれ納得するまで仕事をつづけるからだ。砥ぎ場が薄暗いのは眼で砥ぐからではなく、指先の感覚で砥ぐからだ。心眼で砥ぐと言い直してもよい。得心するまで砥げ。それが西岡流なのだ。

棟梁は自分にとって薬師寺が最後の現場であることはわかっていたし、同時に新人にこれほど恵まれた研鑽の場を与えることは二度とないことも承知していたはずだ。また、千年のいのちある建物を造ることに心魂かたむけてきた自分の生き方そのものが時代と合わなくなってきたことも承知していたはずである。木のいのちを生かそうにも木がない。大工がいない。施主はコンクリートでよいと言う。万事効率と経済性が優先される。祖父に仕込まれた日々から八十年、「法隆寺の鬼」と畏れられて四十年、この二十数年は薬師寺伽藍復興に心血をそそいできた。しかし……。

回廊組み上げ現場　一九九一年十一月〜一九九二年五月

平成三年一月、回廊工事現場に安田執事長の朗々たる読経の声が響き渡った。回廊第一期工事の立柱式が執りおこなわれたのである。最初の柱は東南の角に立てられるのが慣わしだ。この日から鳶職《とび》が加わり、ウィンチを扱ったり、大工さんの木組の仕事を前もって段取りする。カシラと呼ばれるこの人は、祭儀のとき管長の下働きをしたり、正月の松飾りを作ったりする。

一本目の柱が礎石の上に据えられ、真鍮のダボが柱底部の孔に納まり、ウィンチが巻かれるとゆっくりと柱が立ってゆく。台湾で千年以上も生きつづけてきた檜《ひのき》が日本の古都で、新たな使命といのちを与えられようとする瞬間だ。垂直が確かめられるとすぐに仮止めされ、二本目の柱立ての準備に取りかかる。西岡棟梁は作業を見守りながら合掌している。四年間にわたった木拵《きごしら》えが終わりやっとこの日を迎えたのだ。目頭が熱くなっているように見えた。

やっとここまで来ました、はい。いちばん気になること？　そうでんな、みなの気持ちがそろってあるかどうかです。こうして見ておりますと、無言のうちにどんどん仕事が進んでいきますわな。心がちゃんと組めてある。木拵《きごしら》えのあいだにみな、以心伝心でやるちゅうことをおぼえてますんで、自分自身でわしはこの仕事をすると決めてやってますさかい、うまい具合に組めていきますわな。まあ一安心というところです。

第一期工事は中門《ちゅうもん》につながる東西翼およそ百メートルの大工事となる。複廊式回廊は真ん中に連子《れんじ》窓をもつ間仕切りがあり、その内側と外側を人が通るのだが、まず南側（外側）列の柱が立ち並べられてゆく。

日本の寺院建築の大きな節目は、なんちゅうても掘っ立て柱を礎石の上に載せたということでっしゃろ。掘っ立てなら（柱が）動きませんが、礎石の上に載せると動きますんで、ダボで動かんようにしてあります。ほんとうは鉄のほうが強いんですけれども、すぐに湿っけて腐ってしまいますんで耐用年数が短くなる、それで真鍮を使ってます。貫《ぬき》も同じこと、柱上部で固定することで動きを押さえるわけです。古代は貫がなかった代わりに柱がこんなに（両手でかかえるぐらい）太かったですわな。

午前中、作業を見守っていた棟梁は現場をあとにし、大工さんの運転する車で病院に向かった。このところ週一回出勤するのが精一杯というほど、体調が思わしくない。棟梁が引き上げると現場の空気が一瞬にしてなごみ、それまで無言でこなしていた作業に掛け声がかかった。棟梁が現場にいるだけで大工さんに緊張が生まれる。それほどの存在感ということだ。柱が立ち並びその上部に頭貫《かしらぬき》が通されると、柱はちょうど手をつないだ格好となり列としてつながる。

立柱式から二ヶ月、現場に緊張が走った。連子《れんじ》窓枠の取り付け作業の真っ最中、療養中の棟梁が姿を見せた。おしゃれな棟梁が作務衣の上にチャンチャンコを羽織るほど寒い日だった。いくぶん青ざめているように見えた。若い大工が現場詰め所に椅子をとりに脱兎のごとく駆け出した。しかし棟梁は「すまんな」と言ったまま椅子に座ろうとしない。ふだん使っていた杖も手にしない。その姿は「心配するな。わしは元気だよ」と精一杯の強がりをよそおっているようだった。

まあ棟梁ちゅうもんはいろんな職人さんがあって、みなに押し出されていると。そやから自ら棟

隅木の設置

立柱式での安田執事長（現管長）

隅木の設置

回廊組み上げ現場

垂木の設置

回廊組み上げ現場

梁と思わんほうがええということですわ。（口伝で）百工集えば百念あり、それを統《す》べるのが棟梁の最大の仕事である、自分自身に百人の職人を統率する力がないと自覚したら、謹み畏れて棟梁の座を去れといわれてますねん。棟梁というのは（大工）仕事よりも職人さんの心を組み合わせることのほうが大事です。

微妙な言い回しである。軍団の総師が後方に下がろうとしている。八十三歳。さすがの棟梁も進退を考える時期を迎えていた。週一回も出勤できないような身体ではもう務め上げることはできない。現場の指揮は副棟梁がとっている。若い大工も育ってきた。回廊第三期工事まで見通しは立った。講堂復元の基本設計図も仕上がっている。一応、薬師寺ではやるべきことをやった。あとはどう引き継いでゆくか。太田先生と何度も話し合われたにちがいない。法隆寺金堂での苦い思い出が脳裏によぎった。昭和二十四年、文部省は常一《つねかず》を棟梁に推したが、西岡家では父楢光《ならみつ》が順序だとした。楢光六十五歳、棟梁として円熟の年齢である。結局、父は総棟梁として息子を支えることで折り合いがついたが、息子はいわば父親を押しのけるかたちで棟梁の座についた。父子の確執は生涯つづくこととなる。そのときの父の年齢をはるかに超えている。引き際はきれいにしたい。どうしても棟梁をというならば自分は名誉棟梁でよい。その代わり給料をゼロにして欲しい。けれども委員会も寺も棟梁には生涯務めてもらいたいとの結論を出した。それは病院ではなく現場で死んでもらいたいということである。生半可な励ましではない。すさまじい人間関係である。哀切きわまりない絆といえる。

ウィンチがガラガラと巻き上がる。「ケツもうちょい北に振って！　よっしゃ、そこ」。すかさず大工さんが木槌《きづち》を振るう。ひとりとして手持ち無沙汰の大工さんはいない。柱を立ち上げる者、連子《れんじ》窓枠を段取りする者、二手に分かれて手際よく作業を進めてゆく。おそらくこのような集団作業が若者には最高の教育の場のはずだ。なぜなら彼らのレベルではなくベテランのレベルで作業が進められるからだ。遅れても必死でくらいついていく以外にない。取り残されたらはじき出されるだけだ。

連子窓枠が取り付けられると柱上部に頭貫《かしらぬき》がはめられ、次いで長押《なげし》が設置されると、複廊式回廊は徐々にその姿を現してくる。棟梁はじっと作業を見つめるだけ、その表情がわたしには淋しげに見えた。棟梁不在でも作業は順調に進んできた。心が組まれているからかもしれないが自分がいなくても粛々と進められてきた。工人たちの進歩を喜べばよいのか、それとももう自分の出番はないのか……。

いまちょうど長押《なげし》を納めているところですが、地覆《ぢふく》（柱下部で揺れを押さえる部材）が頭貫《かしらぬき》のように通ってませんでしょ、（柱の）一間ごとに切れてますんで、これでもって柱を抱き込んで固定してしまう、そういう役割です。上の長押もその通りで、頭貫の継ぎ手やないところで継ぎ手がくるようにつないでます。構造材ですわな。（柱に打ち込む）クサビ状の和釘《わくぎ》は打った時点で木の繊維が広がりますが、時間とともにだんだん締まっていきますんで抜けるようなことはありません。

柱は表面にへこみがあったり膨らみがあったり、一本一本、微妙に形状がことなる。木の癖を見抜いて木なりに木拵《きごしら》えしてきたからだ。長押はそんなふぞろいの柱を抱き込む。したがって抱き込む面には柱の形状なりの曲面が要求される。木工作業場で削られてきた長押が、現場でさらに精密に仕上げられ、寸分の狂いもなく納められてゆく。最終的には現場で加工しろ。隅木の墨付けをしていた大工さんへのアドバイスもこういうことだったのかと納得できる。

中柱と側柱《がわばしら》が列としてつながると、柱上部に斗《ます》が載って、左右の方向に桁《けた》が、前後の方向に虹梁《こうりょう》が載り、柱は四方から決められる。

柱上部の仕口に頭貫《かしらぬき》がはまる。頭貫は隣と隣の柱をつなぐ。その上に大斗《だいと》が載る。ここに組物《くみもの》が載るんですけども、梁行《はりゆき》に入るのが虹梁《こうりょう》、真ん中の柱と両側の柱をつなぐ役割をします。虹梁と十字に重なるのが肘木《ひじき》で、その上に斗《ます》が三つ載って、その上に丸い桁《けた》が載る。そういう構造です。結局、上からの屋根の荷重を丸桁《がぎょう》で受ける、それを三つの斗《ます》で受ける、その荷重を大斗《だいと》の尻ひとつで柱に伝える、そういう組み方です。

この日も二時間あまり作業を見守ると病院に向かった。決してグチをこぼさない棟梁が「医者が豆腐がええ言《ゆ》うたもんやさかい、豆腐ばっかり（家で）食わしやがって。力が出えへんわい」と苛立ちを口にしたことがある。「（休んでばかりで）あんたらにも迷惑かけるな」ともらしたこともある。そんな気弱な棟梁ではなかった。二年前のかくしゃくとした面影が消え、身体の芯に老いが取り付いているようだった。八十三歳。衰えた肉体を病魔が齧《かじ》っている。想像を絶する苦しみだろう。それでもこちらの取材を気づかう人なのだ。

この日が薬師寺の現場に顔を出す最後の日となった。以降、棟梁不在のまま現場は粛々と進行していくこととなる。

鉄材をしっかりと固定する現代工法とことなり、木造建築は部材を組み合わせ、つないでゆくという考え方で成り立っている。したがって組物《くみもの》や継ぎ手は柔構造建築物の骨格であるとともに関節部でもある。しかも木にはひとつひとつ癖がある。ここでは木の癖なりに木《き》拵《ごしら》えをした大工さんが、見立て通り木の癖を生かすよう、その部材の組み上げまで責任をもつという現場配置になっている。西岡棟梁の大工さんへの信頼感である。

丸桁《がぎょう》や棟《むね》が納められると、隅木が下ろされ、工事は屋根構造の木組に入ってゆく。屋根はゆるやかなカーブを描きながら下がり、軒は端にいくほど反り上がってゆく。その二つの曲線が、見た目の印象を優美かつ華麗なものにする。以下のコメントは、後日、ビデオテープを見てもらいながら収録したものである。

古代建築は軒口の中心が低くて隅にいくほど自然に円を描きながら上がっていくということです。

軒反りの何寸上がり、何尺上がりというのはお堂の大きさによって決まってくる。その基本になるのは茅負《かやおい》の高さなんですな。それが仮に五寸であれば、一本反りならば五寸、二本反りならば一尺、三本反りなら一尺五寸上がる。その一尺五寸が反り上がるように糸をたるめて曲線を起こす、こういうことです。

まあ屋根でいちばんむずかしいと言われるのが隅木でして、隅の軒先の荷重がこの隅木一本にかかってくる。平《ひら》の一・五倍の荷重がかかるんです。そやから軒口で一寸下がればここでは一寸五分下がると。そういう計算になりますんで、こいつ（隅木）は組むときに設計よりも下がると思う分だけ余計に上げておく。それで瓦を載せて荷重がかかってきたとき、設計通りの軒反りが残る、そういうふうに考えていきます。

棟から垂木が下ろされると屋根の形がより明確になる。垂木の上に野地板が張られ、瓦の下地となる。材を運ぶ。設置する。すかさず手が道具に伸びる。和釘《わくぎ》を打ち込む。次の材が運ばれてくる。大工さんたちの流れるような仕事ぶりを見ていると、訓練された者だけが発散する精気を感じる。新人は新人なりに、ベテランはベテランなりに、自分の分をわきまえ、無駄口をたたかず、礼儀正しく……。

境内の梅が散り、桜がほころびはじめるころ、回廊第一期工事は終盤を迎えた。大工さんたちは木工作業所に戻り、入れ替わるように左官職人が入ってきた。壁工事がはじまったのだ。連子《れんじ》窓枠と地覆《ぢふく》のあいだの木舞《こまい》掛《が》けに土壁を塗り込んでゆく。木舞掛けとは、壁の下地に木や竹の細い材を縄で編んだものをいう。

ここでは縄で編んでますけれど、むかしは地面を這《ほ》うた藤蔓《ふじづる》を焼いて、水につけて、それで編んでますねん。そうすると乾燥するにつれて藤蔓自身が締まっていきますんで、ぎゅうぎゅうと（人間の手で）引っ張ることいりませんわな。いまは縄です。藤蔓作ってくれる人いませんのでな。法隆寺ですと壁の厚みが十六センチありますんで、裏と表と二重に木舞掛けをしまして、粘土を塗るのではなく詰めてるんですわ。コテで塗るんやなしに手で押し込んでるんです。分厚いでっさかい、とにかく乾きませんわな。むかしは時間をかけて急がずに、ゆっくり呑気にやってたんでしょうな。

現場裏の空き地に田んぼのように畦《あぜ》で囲った粘土置き場がある。粘土はここで熟成させられ、やがて壁土となる日を待つのである。

伽藍を造るとき第一番にすることは壁土を作るということです。その土地の粘土を掘り出して、藁を切り込んで、三年ぐらいは藁を切り込み切り込みして寝かせるわけです。そうするとバクテリアが湧きますんで、バクテリアは蛋白ですわな、蛋白の糊を入れたと同じことになってねばい粘土になる。乾燥すると雨がかかっても流れません。寝かさずに使うと雨で流れて藁が飛び出してしまいますわな。そやから伽藍造りの第一歩は粘土を探すことからはじめるんです。

伽藍造りは粘土探しからはじめる——効率一辺倒の世の中を傲然《ごうぜん》と拒絶する構え方である。完璧を目指す。信念を曲げない。頑固一徹。わたしたちがどこかに置き忘れてきた大切なものをこの人は守りつづけている。

平成三年春、素屋根《すやね》がはずされ、中門《ちゅうもん》とつながった回廊南翼が姿を現した。回廊越しに東塔と西塔の上部を望むことができる。工事現場が一夜のうちに壮麗な白鳳《はくほう》伽藍に生まれ変わった印象である。木拵《きごしら》えがはじまって五年の年月がたっていた。

木工作業所では回廊第二期工事（東西翼）の木拵《きごしら》えがはじまっていた。トントントントン、相変わらずリズミカルな刻みの音が耳をくすぐる。必死で病気と闘っている人にこの音を聞かせてあげたい。また病院の薬臭い匂いではなく、削られた檜《ひのき》から発するヒノキチオールの匂いもかがせてあげたい。そのほうがあの人にはよっぽど良薬ではないか。しかしかなわぬのなら、せめておやじさんを慕う若者たちの声を届けたい。

「それは恐いですよ。どなられて恐いとかいうんじゃなく、砥《と》ぎひとつでも自分でできてないところがわかってますんで、それをびしっと言われるのがものすごく恐い。見透かされているというんですか」

「以前、民家やってたんですが、民家やったら鴨居と壁のあいだに鉛筆の芯一本分の隙間があったら大工駄目になりますわね。そやけど社寺の場合、見てくれやなしにどれだけ長持ちさせるかということを優先させますんで、材料が動くもんですから隙間をあけるところはあけておく、民家とは逆のやり方に最初は戸惑いました」

「最初、棟梁とお会いしたとき、失敗を恐れるな、思い切ってやりなさい、失敗したところでい

薬師寺回廊南翼

完成した回廊東翼

つかはまた修理せにゃあかん、何百年後かに誰かが直してくれるんで、と言われたときはビックリしました。すべての責任は自分がとるということでしょうが、すごいこと言う人や思いました」
「毎日同じことのくり返しでしたから、もう逃げようかと思ったこともありましたけど、やっと、ちょっとだけ、わかってきたもんがあります。木に癖があるいうこともわかってきましたし……いま帰ったらここまで頑張ってきたことがパーになりますんで」

年の瀬の三十日に作業現場、木工作業所、詰め所、原寸場などを隅々まで大掃除をする。しかしそれが終わると家族のもとに戻ってもよいというわけではない。正月二日、棟梁の自宅に年始の挨拶に全員で行き、それぞれお年玉をもらってから帰郷する。それが棟梁と工人の絶対的な関係である。古風といえば古風である。そんなしきたりがいまだにここでは生きている。棟梁を頂点とした職人の世界なのだ。学校ではない。知識を頭でおぼえるのではなく、知恵や経験や勘を身体に沁み込ませてゆく。それには長い時間が必要だ。早道はない。若者は耐えねばならない。耐えることができた者だけが次のステップに進んでゆく。ごまかしの許されない世界である。

法隆寺西里　一九九四年一月

奈良盆地特有の重く肌寒い湿気が沼底のように垂れ込めるなか、ときおり烈風が路地を吹き抜け、片付け忘れた家々の正月飾りを引きちぎってゆく。この正月、棟梁はどんな思いで過ごされたのか。お雑煮ぐらいは食べる体力があったのか。一歳年をとるということは一年寿命がなくなるということだ。日めくりカレンダーがパラパラと風に飛ばされてゆくような心細さだったろう。

仮退院した数日後、棟梁はわたしたちを呼んでくださった。自宅療養に入ったそのタイミングしか日程はとれなかったからだ。しかし、もし退院できないようなら、カメラを病院にもち込みマイクを病床の棟梁に向けるつもりでいた。覚悟の出演をされた棟梁にこちらも覚悟をもって応えるつもりだった。

寒さがこたえるのか棟梁はやつれ果てているように見えた。いずれにせよこの日の取材を最後とするつもりでいた。茶の間で簡単な打ち合わせをすませると棟梁は座敷の机に向かった。演出助手の女性が腕を貸す。歩きづらそうなのは採尿袋をつけていたからだ。今日こそ西岡建築論の真髄に迫らねばならない。木のいのちを生かし千年の建物を構築する、その奥義を収録しなければならない。

長いことお待たせしましたな。今日が最後ということで……まあ、あんたがたにはほんまに迷惑をかけてしもうた。すまんことでした。

木のいのちを建物に生かすということですな。前にもお話ししたと思いますが、法隆寺金堂はすべて割り材が使われておった。柱にしても斗《ます》にしても垂木《たるき》にしても、ひとつとして同じ寸法のものがない。それでも見事に組み上げてある。われわれはいま伽藍を造るいうても飛鳥、白鳳《はくほう》というお手本がありますけれど、お手本のないところから現在に残る建物を造ってるんです。柱ひとつ斗《ます》ひとつ部材はみな寸法がちがう。けれども要所要所はぴしっと納まってあって、堂全体でうまくまとまってある。いまはコンピュータやなんや言いますけれど、そんなことようしませんわ。工人ひとりひとりが棟梁と同じぐらいの力量があったんやと思いますよ。そやなかったら、寸法がみなちがう割り材を組み上げることなんかできません。とにかく木に無理をさせない、それが飛鳥建築です。

なんでそんなことができたかって？　みなが棟梁と同じぐらい力があって、自分はこれをする、この人はあれをするという具合に、棟梁に言われんでもやっていた。部材ひとつを作り出すにしろ全体がよくわかっていた。組み上げられた部材をよく吟味してゆくとそんなむかしの人の仕事ぶりが伺えます。たいした実力です。

それとやっぱり信仰心とちがいますかな。仏様をまつるという信仰心があってこそひとつにまとまってたんやと思います。単なる技術的なことだけやなしに、工人みんなが仏様を信仰するちゅう深い深い考えでつながってたんやと思いますよ。

ここまで一気にしゃべると棟梁は肘《ひじ》で上体を支え、大きく息を吸い込むと「おーい、お茶」と茶の間に声をかけた。頭脳の回転に肉体が追いつかない。そのもどかしい時間差を詰めたいとの思いだったのだろう。いつも奥さんは奥の間にひかえているのに、この日に限って近くから棟梁の容態を気づかっていた。内弟子だった小川さんも顔を見せている。厳戒態勢が敷かれたなかでの取材だった。

日本の古代建築ちゅうのは飛鳥寺からはじまって法隆寺で一応の集大成を見た。それから半世紀、薬師寺になるとさらに洗練されていきますわな。社寺建築の日本化とよく言われますが、軒の出を深くして雨風を防ぐ、屋根の勾配をゆるくして優美さを生み出す、木割を細くしていく、そういったことがますます考えられてゆくわけですわな（間がある）。

たとえば法隆寺の五重塔と薬師寺東塔を較べてみますとね、法隆寺は実際にかかる力以上の太い材料が使われておった。ところが薬師寺になると柱高が高いのに木割が細い、けれども千二百年も三百年ももっておる。なぜかというと、裳階《もこし》というもんがあって各重の柱をぎゅうっと締め付けて揺れを押さえる、ちゃんと構造材として組み込まれておるわけです。ということを考えますと、せいぜい半世紀ぐらいしかたってないのに、ずいぶん考え方が進んだといえますわな。強度や力学を見通せる人がいたんやないかと。新しい技術をもった人が大陸から来たか、大陸で勉強した人が帰ってきて教えたか（痰がからんだのか、横に置いてあった懐紙を取り出し口にあてた）。

たとえば法隆寺の伽藍でいえば、通り肘木《ひじき》（斗組《ますぐみ》から斗組に渡る長い肘木）というのがありますけれど、通り肘木を斗《ます》で加減して傷めないよう工夫してあります。薬師寺のように様式ができ上がってくるとそんなこと関係なしに仕事を納めていますわな。様式が洗練されて木割が細くなっていけばいくほど、木の扱いに無理がきて木に対する思いやりがすくのうなっていきます。

西岡棟梁は、軸部と小屋をゆるやかにつなぐ飛鳥型の建築を木に無理をさせない理想の木組と考えている。法隆寺では尾垂木《おだるき》の尻を固定せず、中間桁《けた》を支点とすることで、軒先の荷重と屋根の荷重をバランスさせる天秤構造となっているが、薬師寺東塔では尾垂木を内部に引き込み、その尻を押さえる梃子《てこ》式の組み方に変わった。梃子式はやがて桔木《はねぎ》を生み出し、桔木ひとつが軒先と屋根の全荷重を支えるようになる。木のいのちを組み上げるという考え方はとだえていく。

規矩という言葉は、近代では堂の反りとか軒反りとかに使われてますが、本来、規矩というのはもっと大きな伽藍全体のかたちを考える言葉です。そやから修理ひとつするにしても、そのお堂だけにとらわれないで、伽藍全体を考えて、むかしの人が考え抜いてやったように、それを受け継いでやっていくということでしょうな。法隆寺の大修理はたいへんな仕事でしたけれども、わたしらがやったのは金堂にしろ塔にしろ、ひとつひとつ丁寧に修繕しただけです。法隆寺を最初に造った人はそらえらいですわ。ちゃんと伽藍全体の地割を考えて、金堂はこの大きさ、塔はこう、回廊はこうやと頭に入れて仕事してまっさかい。そういうことが実際に修理してみるとよくわかるんです。

いつものように目に光がない。頬に疲労がにじみ出ている。ふだんはキリリと締める鉢巻がだらしなくゆるんでいる。最後の気力を振り絞るように息を整えカメラを見た。今日の取材は一時間以内で打ち切らねばならない……。

木割ということもよく言われますが、ほんとうの木割ができ上がっていったのはだいたい鎌倉後期か室町やないですか。それまでは木割というものはなくて、その場その場で材料を見較べながらやっていったんです。木割ができると設計するほうは楽になる、考えんでもええんやから。基準ができて設計が簡単になると同時に（現場では）分業が可能になる。つまり誰がやっても同じものができる（ここで長い間がある）。それは木を一律の材料やと見る考えが前提になってますわな。木には癖があるということが忘れられてしまっている。感心しません。

江戸時代になると木割術書が棟梁家の家宝のようになってきますが、そんなもん大切なもんやない。他人にのぞかれんように大事に隠しもってるちゅうことは、逆にあんまりたいしたもんやないということですわな。

西岡棟梁が歩んできた道のりは、規矩・木割の基準が求められ、合理性が追求されていった木造建築の歴史を逆行するものであった。鉄やコンクリートとちがい、木にはそれぞれ癖がある。設計図通りに「誰がやっても同じものができる」なら、木に働きかけその癖を見抜くことも、癖なりに部材を組み上げることも、材料の強さを見抜いて組み上げの加減をすることも必要なくなる。まして木を買わず山を買うことも、木を成育の方位のまま使うことも、つまり棟梁が学び、実践し、次代に伝えようとしてきたことすべてが否定されることになる。しかし時代はそのように動こうとしている。安く、早く、一律に。西岡棟梁の時代は終わろうとしている。

やり残したこと？　そうでんな、むかしはね、塔ひとつやったらいのちひとつなくなるいわれてますねん、宮大工のあいだでね。そやから、わたしはもう四回ほど死んでることになりますわな。それがこうして生きてるんでっさかい、よっぽど悪運が強いんやろ。そやからもう十分なんやないですか（長い間がある）。

えっ？　いつごろお祖父さんの域を超えたかって？　いやあ、まだ超えたなんて思ってません。いまでも言われたことがいちいちその通りやったと思うばっかりでっさかい。まだまだです。超えてません。

祖父常吉を思い出したのかすこし表情がほころんだが、また机に突っ伏すように手をついた。口をもぐもぐさせている。なにか言いたいことがある。しかし言おうとする言葉が出てこない。何度も懐紙で口をぬぐう。目に力がないのは熱のせいかもしれない。これ以上カメラを回すのはしのびない。最後に次代の大工さんへのメッセージを語ってもらった。

棟梁というもんがあってその下に集まってる人は、恐れずに思い切って仕事をやれと。まちがえば棟梁が腹を切るんやから、これ以上できんという仕事をやってもらいたい。それには木の癖とか、生まれ育った土地の癖を見抜いて、狂いをようく見抜いて組んでもらいたい、そういうことです（長い間がある）。

まあ道具を使うについてはどうしても技量が必要になります。いかに上手に砥《と》げても腕前が足りんといけません。それには魂を込めて砥ぐ。上手とか下手を通り越して、これ以上は砥げんというぐらいに砥げということです。砥ぎ肌に水をかけて、ぱっと水をはじく、それぐらい砥げんとあきませんな（長い間がある）。

功利的なことを考えずに、時間をかけてもええから、ほんとうの仕事をやってもらいたい。ごまかしやなしに、ほんまの仕事をやってもらいたい、そう思います。


「ありがとうございました。これですべての取材を終わらせていただきます」――深々と頭を下げたとき、膝のわるい奥さんがいざるように仏間から出てこられ、小川さんが棟梁を抱きかかえ次の間に引き取った。棟梁にもご家族にもたいへんな負担をかけてしまった。そのことへの悔悟《かいご》の念がなかったわけではない。しかし、それ以上に終わったことへの満足感と虚脱感があった。これですべてが終わった……。

ひとつのものを完成させる。そのためにこの人はすべてをなげうってきた。家庭を犠牲にし、中途半端な人付き合いに時間を割こうとせず、ごく少数の学者や大工、宗教者だけを信頼し……しかし時間は非情と言わざるをえない。白鳳《はくほう》伽藍復興、まさに命懸けだった仕事の、その完成を見ることなくその座を降りようとしている。

機材を片付けているとき、伽藍復興委員会の鈴木《すずき》嘉吉《かきち》先生が庭から顔をのぞかせた。

お祝いの会にて

スーツ姿の西岡棟梁

「ちょうど終わるころやと思うてね。ご苦労さん」

先日、棟梁は文化功労者に選ばれた。そのお祝いの会を開くための打ち合わせに来られたのだ。文化功労者に決まったとき「なんにもたいしたことしてへんのにな」と恬淡《てんたん》としたものだったという。

茶の間で棟梁をまじえて雑談しているとき、奥さんが「いろいろ迷惑かけてすまなんだなあと言ってくれましてね、はじめて聞かされた言葉ですよ」と少女のように恥ずかしげに語ってくださった。重い病を得てはじめて夫婦水入らずの生活に入ることができた。結婚したのは法隆寺昭和の大修理がはじまった昭和九年、二十七歳のときだった。それからおよそ六十年、働き詰めに働き、やっと家庭に戻ることができた。八十五歳になっていた。

西岡棟梁の栄誉をお祝いする会は奈良のホテルでおこなわれた。高田好胤《たかだこういん》管長、法隆寺代表、太田博太郎《おおたひろたろう》委員長、鈴木嘉吉《すずきかきち》先生、二人のご子息に囲まれ、棟梁は終始にこやかであった。それぞれのスピーチは心の込もったものばかりだったし、スーツ姿の大工さんたちも晴れやかだった。鈴木先生の「棟梁にはこれからも頑張っていただきませんと、われわれだけではどうにも進めていけないのであります」には、棟梁の容態が思わしくないとみなが知っていただけに、そして年長者を立てようとの心配りが行き届いていていただけに、参列者全員の涙をさそった。

この建築家が月々の生活を心配しなくてもよくなったのは薬師寺を引き受けてからである。古材を丹念にばらし、カンナの削り跡や継ぎ手の手法から修理された時代を類推する。釘《くぎ》跡からは部材がどのように転用されたか吟味する。なによりも木は生えていた方位のままに使われているか、木の癖を生かして組まれてあるか、どのように製材されたのかなど、古建築をひとつひとつ繙《ひもと》いていくことで、いつ、どのように造られ、あるいは修理されたかを見抜く。そんな丁寧な仕事をする棟梁はいないし、またそれだけの眼力をもつ棟梁もいない。けれども米代の心配をしなくてすむようになったのは還暦を過ぎてから。それが宮大工の矜持《きょうじ》と引き替えに甘んじた生活であり、文化功労者に選ばれた人の生き様であった。

世の人は西岡棟梁を木の心と対話できる人だという。木の心——婦人雑誌が好みそうな語彙である。工芸家や仏師に対する評価ならいざ知らず、この人は構造を第一義に考える建築家である。柔ではなく剛。美学ではなく工学。叙情ではなく叙事。構造を生かすのは木のいのちであって心ではない。なによりも木のいのちを大切にしてきた人なのである。

エピローグ

棟梁が亡くなったのはお祝いの会の一年後だった。法隆寺西里に生まれ、祖父にきびしく仕込まれ、わが国が混乱をきわめた戦中戦後、法隆寺宮大工棟梁として昭和の大修理をやりおおせた。晩年は薬師寺白鳳《はくほう》伽藍復興という大仕事に精魂をかたむけ、そして生まれ育った西里に戻った。路地を吹き抜ける四月の風と読経に送られ、不羈《ふき》なる魂はあの世に旅立った。享年八十六歳。

おく山の　菅《すが》の根しのぎふる雪の
ふる雪の降るとはすれど　積むとはなしに
その雪の　その雪の

死を目前にした良寛が詠んだ未完の歌である。最晩年、病院と自宅が「現場」だったが、いのちの灯火が揺らぎ消えかけようとするときも、大工さんに頼んで購入した仏教書に目を通しておられた。仏様を照らす蠟燭《ろうそく》の火が風にそよぐのを、まるで自身のいのちの火のように感じておられたのだろう。仏教書は難解なものばかりだったという。それは死を意識した身体のどこに届いていたのだろう。慰めになったのか。それとも癒しになったのか。いや、棟梁のことだ、旺盛な知識欲は、読み込み、血肉化しながら、悟りへの道を歩んでおられたにちがいない。かつて飛鳥への道をまっすぐに歩いたように。

ほんの昨年の一月、太田博太郎《おおたひろたろう》先生の黒枠記事が新聞に載った。また、薬師寺に伺ったとき、境内でひょっこり顔を合わせた石川所長から、棟梁を継いだ上原さんが亡くなったとも聞いた。生き残った者はどうすればよいのか。ただ手を合わせるしかないのだとしたらあまりに切ない。

酒をいっさいやらなかった棟梁は、あの世で、酒がお好きだった太田先生や高田管長と「もうよろしいやろ」などと言いながら一献かたむけておられるのではなかろうか。

西岡「上原よ、あんたこっち来るの早すぎるがな」

太田「癌でしたか」

上原「はい」

太田「気苦労の多い仕事でしたからね。ご苦労さまでした」

西岡「いまどこまで？」
上原「回廊第三期の屋根葺きがはじまったばかりです」
西岡「あんたには最後まで面倒見てもらいたかったのになあ」
太田「まあそれぞれいのちには限りがありますよ」
西岡「管長はん、空《くう》てなんですねん。わしは食うや食わずで頑張ってきたんでっせ」
太田「あのね」
高田「この世のすべての存在には実体がないということです」
西岡「いまがそうですがな」
高田「さよう、般若心経は生きている者への教えです」
西岡「もうわしらには用のないことですな」
高田「それにしてもあんたは強情なお人でしたな、ふっふっふっ」
西岡「なにを言わはる、管長もそうでしたがな」
太田「まあまあ一杯」
西岡「しかし薬師寺に来させてもろてよかったですわい、なあ太田先生」

太田「棟梁とは何年いっしょに仕事したのかな、五十年以上になりますかねえ」
西岡「そやな、大工はもうよろしいわ。わしはコーヒーが飲めまへんねん。生まれ変わったら、一回飲んでみたろと」
太田「うん、奈良ホテルのコーヒーが最高でしたよ」
西岡「そうでっか、一回ぐらい飲んでみんことにはな」
太田「もう遅いですがな」
西岡「あはは」
太田「現世もいいがこっちもこれでなかなかだと言いたいですね」
高田「みんな早く来ればいいのにねえ」
話はいつまでも尽きないのではなかろうか。

十七年前、はじめてカメラを回しはじめたとき薬師寺はまだ復興途上で、復元された金堂、西塔、中門《ちゅうもん》が境内にばらばらに点在していたが、いま講堂が復元され回廊北翼とつながったことで、それらが回廊の中に納まり、伽藍は目を見張るばかりの華麗な姿によみがえった。「天の浄土を地上に移そうという考えで造られた」と棟梁が発見した通り、そこにたたずみ、軒下の風鐸《ふうたく》がからからと鳴るのを聞き、金色に輝く飾り金具を見ていると、なにかしらありがたく、ずっとむかし、こういう極楽浄土を垣間見たことがあるという既視感におそわれる。大いなるものに抱かれている……と素直になれるのである。

宗教施設ではあるが純粋建築として眺めても、これほど完璧で美しい建物はあるまい。これまで絵画や彫刻、陶磁器など美しいものに出合ってきたが、いずれも美術館のガラスケースの中で納まりかえっている。それにひきかえこの建造物には風雨にさらされ千年も千五百年も立ちつづけようという意思と緊張感がみなぎっている。「木は日に日に収縮していきますわな」。つまり呼吸である。この美しきものたちは途方もない時間をこれから呼吸し、生きつづけるのである。

四十年近くの年月をかけ薬師寺復興は大団円を迎えようとしている。これだけの規模の、これだけ見事な建築がこの世に出現したということ、つまりこれほどの建築を造る人々がいたことに素直に感動するし、建設過程のごく短い時間だったがお付き合いさせていただいたことを幸せに思う。しかし人間のいのちには限りがある。主だった人々はもうこの世にいない。

棟梁の死はキザに言えば美しいニッポンの死であった。

一昨年の十二月、陰鬱な雨に閉じ込められ、出口が見つからなかった自分自身を鼓舞しようと、棟梁を追憶する旅に出たのだったが、映像を見直し、対談集を読み直してゆくにつれ、この人は偉大な建築家ではあったけれども、偉大な日本人でもあったのではないかと思い直すようになった。お付き合いさせていただいたのは体調不良と闘っておられた最晩年だ。病が進行し肉体はボロボロになっても年下の人間との約束を守り、病院から戻るとカメラの前に立たれた。信義に生きる。古風な価値観がわたしにはとても新鮮だった。

棟梁とは三十歳以上の年齢の差がある。戦争を体験した人間と戦後教育で育った者、古い伝統の家で育った工匠とヨーロッパかぶれの絵描きを父にもつ映像屋、天才と凡才、いろいろちがいはあるけれどいちばん大きなちがいは、日本の将来を信じることができた世代とできなかった世代だということだろう。

棟梁が亡くなって十数年、世界はグローバリズムの波に洗われている。国家よりももっと大きな価値と枠組みが世界に存在する――国家は絶対のものではなくヨーロッパのようにゆるやかな統合体の一要素となった。松井やイチローはアメリカの少年たちの憧れだし、朝青龍や白鵬は日本の国技の頂点に君臨しながらもモンゴルの英雄である。ペシャワールの会、国境なき医師団、アジアプレスなどは確信犯として明らかに国家を超えようという意思をもっている。国境は低くなった。とくに金融はそうである。国家を超えたファンドマネーは常に投資先を探し、資金のあるところに金が吸い寄せられてゆくシステムが構築され、ホリエモンのようななりふりかまわぬ金の亡者が出現した。マネーには意思も倫理も感情もない。投資先に食らいつき、絞り上げ、食い尽くしておさらばする。増殖することをやめれば死滅する癌細胞に似ている。

わたしは単純なことが好きである。白いごはんを腹いっぱい食うことができ、貧乏してもこれだと思う仕事に汗を流すことができればなんの文句はない。蓄財にも投資にも関心がない。心情的には明治生まれの日本人である。愛国者でもある。しかし人の痛みや生活苦がすぐそこにあっても、自由経済社会では格差はあたりまえでしょと総理大臣が平気で言う国である。金の亡者は勝ち組と呼ばれ、アパート代を払えずネットカフェを泊まり歩くフリーターは負け組とされた。格差は年々開くばかりだ。国家としての理想も現実的な戦術ももたないこの国で、近い将来、脱北者のように国を逃げ出す人々が続出するであろうことは想像に難くない。あるいは都会を捨て森に住む人々が現れるだろうし、ゆるやかな死を求めて遊行《ゆぎょう》の旅に出る人々も増えるだろう。世直しとは景気回復やＧＮＰの向上を図ることではない。まして役人がうまい汁を吸う体制を固めることでも軍事国家を目指すことでもない。競争原理を排し生存の意味を問い直すという文脈の中にしか世直しの灯は見えてこないと思う。わたし自身にも森へ入ったという自覚がある。現役時代は税金も過分に払わせていただいた。もうかんべんしてもらいたい。これからは雑草と木の実を食い、美しい花だけを愛でて生きてゆく。グリニッジ標準時ではなく月の満ち欠けをよすがとする。グローバリズムという戦争を忌避し、脱走兵としてつつましく森に隠棲する。

日本は迷走しているのではなく終焉を迎えつつある。残念なのはグローバリズムの奔流のような力によって、戦後民主主義の虚妄によって、虚妄を崇高な理念だと言い募る阿呆がいまだに生きつづけることによって滅びることだ。そんな国において、日本人の気骨とか偉大な日本人とかを云々すること自体、時代遅れであることは百も承知している。西岡常一《にしおかつねかず》は化石のような人である。けれどもかつてこの国に美しいニッポンがあった――そのことをわかってもらえれば十分である。

棟梁、かつて敗戦のときこう書かれました。「国敗れて山河あり、山河のあるところ草木あり、草木の生ずるところ民草《たみくさ》必ずあり」と。いま日本は滅びようとしています。わたくしは滅びるものは滅びてもよいという考えです。戦後民主主義も平和憲法も政府も信じていませんが、滅びてもなお民草あることは信じたい。民草とは美しいニッポンのことですよね。

この稿を進めるにあたり以下の映像と文献を参照しました。

ビデオ『宮大工 西岡常一の仕事』(サンクラフト)

ビデオ『西岡常一 社寺建築講座』(サンクラフト)

『斑鳩の匠 宮大工三代』(西岡常一・青山茂著、徳間書店)

『蘇る薬師寺西塔』(西岡常一・高田好胤・青山茂著、草思社)

『日本史リブレット 古代寺院の成立と展開』(岡本東三著、山川出版社)

『図解 古建築入門』(太田博太郎監修・西和夫著、彰国社)

『古寺巡礼奈良15 薬師寺』(井上靖・塚本善隆監修、大岡信・安田暎胤著、淡交社)

『幸田文 対話』(幸田文ほか著、岩波書店)

『良寛歌集』(吉野秀雄校注、平凡社)

ビデオ収録は、帝塚山短期大学名誉教授青山茂先生、建築家中山章先生、大工の石井浩司さんの協力を得ておこなった。質疑応答形式で西岡棟梁のお話を伺ったが、質問の部分を筆者の責任で文章化したことを明らかにしておきます。また本書で使用した写真は、筆者撮影、あるいはサンクラフトのビデオから抽出したものです。

あとがき

〝いま〟ここで〝新しい〟なにかが生まれつつある――そんな高揚感あふれる現場だった。工事で使われた檜《ひのき》は台湾の山深く、千年も千五百年も生き永《なが》らえてきた老木である。わが国でいえば古墳時代の後半、豪族が群雄割拠した時代が終わろうとし、継体天皇が即位し、仏教到来とともにようやく歴史の夜明けが訪れようとした時代である。そんな気の遠くなるような時間を生きつづけてきた木が新たな使命を与えられ伽藍となった。棟梁がよく口にされた「木のいのち」というものの真髄は、大工ではないわたしには骨がらみ理解できないが、「木の時間」と言い直せば納得できる。人は人間の時間を理解できても、木の途方もない時間に思いをいたすことはない。薬師寺が宗教施設であるということをおけば、そこは木の時間を体感し、当時の社会の息吹を建築という具体物を通して理解できる「木と時間の博物館」だといえるだろうし、かたちを変えた原生林であるともいえる。そんな現場で棟梁や大工さんたちと出会うことができた――そのことはわたしにとって宝物でありつづけた。

そうそう、忘れがたい思い出を書き記しておきたい。法隆寺昭和の大修理のあと、棟梁は福山市の草戸《くさど》明王院《みょうおういん》の修復を手がけている。芦田川を見下ろす風光明媚なその寺を訪れたとき、本堂瓦屋根を食い入るように見つづけている若者がいた。「どうしたのですか、なにか気になることがあるのですか」と聞くと、「親父が瓦を葺かせてもらいまして……。もしものことがあったらたいへんですから。西岡棟梁の仕事ですから」と屋根から目をはなさず答えてくれた。「親父は西岡棟梁といっしょに仕事ができたことを一生の誇りにしておりました。酔うと必ずそのことを言っていました」。本人がまだ生まれる前の親父さんの仕事に責任をもとうとしている。誰に頼まれたわけでもない。お金になるわけでもない。瓦職二代。職人魂がいまも生きていることに肌が粟立ったことをおぼえている。そのことを棟梁に伝えたとき、慈愛あふれるまなざしで「うれしいことでんな……」と微笑まれたことも昨日のことのように思い出す。

三十年以上にわたった復興工事も終わり、大工さんたちはそれぞれのふるさとに戻った。棟梁の薫陶《くんとう》を受けた彼らもまた、人知れず、誰にほめられることも求めず、職人としての本分をまっとうしているにちがいない。この本が彼らの目にとまり、読まれ、あの魂を鼓舞するようだった現場を思い出してもらえるならこれほどの幸せはない。

二年後、東塔の解体修理がはじまり、再び復興の槌音《つちおと》が響く。西岡棟梁の声を現場で聞くことはもうかなわないが、貴重な経験を積んだ彼らが東塔で再び集い、腕を振るうことを想像すれば、人は順送りに一人前になってゆくのだと感慨にふけることしきりである。寺も森も人も輪廻転生してゆく。壮年として現場に立ち会わせてもらったわたしも老人になってしまった。

最後になりますが、彰国社の富重隆昭さんと、出版のきっかけをつくってくれた学友、中村敏恭さんに深く感謝します。

山崎佑次

二〇〇八年一月吉日

山崎　佑次（やまざき ゆうじ）

1942年大阪生まれ。

岩波映画、大島渚プロダクションをへて、大阪にて株式会社サンクラフト設立。テレビ番組、ビデオソフトなどを制作。ビデオ作品では、『宮大工西岡常一の仕事』、『西岡常一 社寺建築講座』（ともにサンクラフト）、『瀬戸内寂聴 雪月花』（小学館）などを手がける。

現在、神戸で骨董商のかたわら、文筆にいそしむ。

宮大工西岡常一の遺言

2008年3月10日　第1版 発　行

著作権者との協定により検印省略

著　者　山　崎　佑　次
発行者　後　藤　武
発行所　株式会社　彰　国　社

160-0002 東京都新宿区坂町25
電話　03-3359-3231（大代表）
振替口座　00160-2-173401

自然科学書協会会員
工学書協会会員

Printed in Japan

印刷・製本：壮光舎印刷

ISBN978-4-395-01007-3　C3052　http://www.shokokusha.co.jp